DIRIGIR SEM MEDO

Cecilia Bellina

DIRIGIR SEM
MEDO

3ª Edição
Revista e Ampliada

© 2005 Casapsi Livraria e Editora Ltda.
É proibida a reprodução total ou parcial desta publicação, para qualquer finalidade, sem autorização por escrito dos editores.

1ª Edição	2005
2ª Edição	2009
3ª Edição	2012
Diretor Geral	Ingo Bernd Güntert
Publisher	Marcio Coelho
Coordenador Editorial	Fabio Alves Melo
Diagramação	Everton Alexandre Cabral
Capa	ERJ Composição Editorial

Dados Internacionais de Catalogação na Publicação (CIP)
Angélica Ilacqua CRB-8/7057

Bellina, Cecília Cristina de Oliveira
Dirigir sem medo / Cecília Cristina de Oliveira Bellina. – 3. ed. - São Paulo : Casa do Psicólogo, 2012.

3. edição rev. e atual.
ISBN 978-85-7396-411-0

1. Direção de automóveis 2. Fobias 3. Medo I. Título

12-0154   CDD 152.46

Índices para catálogo sistemático:
1. Direção de automóveis : medo : psicologia
2. Psicologia : fobias

Impresso no Brasil
Printed in Brazil

As opiniões expressas neste livro, bem como seu conteúdo, são de responsabilidade de seus autores, não necessariamente correspondendo ao ponto de vista da editora.

Reservados todos os direitos de publicação em língua portuguesa à

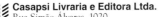
Casapsi Livraria e Editora Ltda.
Rua Simão Álvares, 1020
Pinheiros • CEP 05417-020
São Paulo/SP - Brasil
Tel. Fax: (11) 3034-3600
www.casadopsicologo.com.br

À minha madrinha
Adelina Calefi (in memoriam)

Agradeço a meus pais Antenor e Wilma, que me prepararam para enfrentar o mundo e me ensinaram a batalhar por tudo aquilo que desejo.

Ao Roberto, esposo e companheiro, a quem amo e admiro.

Aos meus filhos Alexandre e Vinícius, por me permitirem conhecer e viver o verdadeiro significado do amor incondicional.

À Claudia Ballestero Gracindo e ao Gugu Keller que, oficialmente, ajudaram-me a dar corpo a esse sonho, pois tiveram a capacidade de compreender tudo aquilo que eu desejava expressar.

Agradeço, ainda, aos psicólogos de minha equipe: Sheila Rodrigues de Medeiros, Helena Aparecida dos Santos, Eloísa Maria Pegollo, Fabiana Saghi, Eduardo de Souza Oliveira (que partiu tão cedo e nos deixou uma imensa saudade), Cíntia Izilda Callado de Carvalho e Adriana Lindóio Potye que, durante todos esses anos, auxiliaram-me no aperfeiçoamento da "Terapia do Volante".

Finalmente, agradeço a todos os clientes, principalmente àqueles que tiveram a coragem de autorizar-me a escrever acerca de suas vidas e de seus conflitos, pelo benefício que trarão a muitas outras pessoas e pelo aprendizado que proporcionaram a mim e à minha equipe.

Prefácio à 3ª Edição – Revista e Ampliada

É um grande prazer revisar e acrescentar novas informações à obra de minha companheira profissional e grande amiga de anos.

Tenho acompanhado, dia a dia, o interesse pelo constante aperfeiçoamento de seu trabalho e de sua equipe. Vejo o cuidado com que lida com todos aqueles que vêm em busca de ajuda para voltar ou começar a dirigir.

Ideias vivem surgindo de sua mente inovadora e quando menos esperamos está lá uma nova forma de atuar, de atender, de trabalhar. E por mais que nos surpreenda, estamos sempre prontos para colocar em prática as novas ideias! E como é de se esperar: funcionam! Temperam o trabalho com algo positivo!

A Psicologia ganhou muito com sua atuação. É uma profissional que inovou e criou um novo campo para o psicólogo. Ela tirou a Psicologia do Trânsito do lugar que tinha e fez com que nós, psicólogos, pudéssemos pensar numa ação diferente, que transcendia a avaliação de condutores por meio da aplicação de testes.

Não posso deixar de citar, aqui, o querido professor Reinier Rozestraten. Em todos os encontros que tivemos, ele fazia questão de dizer: "Seu trabalho é lindo! Você fez a psicologia de trânsito ver que ela poderia ser muito mais, que poderia ser psicologia clínica".

Assim, sinto-me muito à vontade e segura ao dizer que nasce, com Cecilia Bellina, a psicologia clínica de trânsito no Brasil.

Espero que o leitor aproveite as histórias que vêm por aí e que se empolgue e delicie-se com o final do livro, onde encontrará depoimentos de pessoas que passaram pelas mãos de uma competente equipe, manejando um eficiente método. Tenho certeza de que você vibrará com as conquistas, assim como nós vibramos a cada alta, a cada vez que falamos: "temos certeza de que estamos introduzindo no trânsito um motorista consciente, seguro e equilibrado. Pronto para lidar com esse ambiente tão diversificado e mutável".

Deixo aqui minhas certezas em relação ao trabalho desenvolvido: é eficiente, aumenta a autoestima de quem passa por ele, melhora a vida, proporciona autonomia, liberdade e tantas outras sensações que nunca me canso de ouvir!

Boa leitura,
Claudia Ballestero Gracindo
(Psicóloga da Clínica Escola Cecilia Bellina desde 1997)

Sumário

Prefácio à 3ª Edição – Revista e Ampliada 9

Prefácio 13

Introdução 15

CAPÍTULO 1 - O despertar 25

CAPÍTULO 2 - Com medo de sentir medo 29

CAPÍTULO 3 - Quando errar não é humano 49

CAPÍTULO 4 - Cicatrizes da infância 67

CAPÍTULO 5 - Quando um diagnóstico muda uma vida 87

CAPÍTULO 6 - A eterna dúvida 103

CAPÍTULO 7 - Depois daquela curva 125

CAPÍTULO 8 - Favor não me observar 141

CAPÍTULO 9 - Alcançando o sonho 157

Epílogo 201

Clínica Cecilia Bellina 203

Referências bibliográficas 207

Prefácio

Chamamos de fobia específica o temor causado pela presença (ou antecipação) de determinado objetivo ou situação, como baratas, borboletas, cães, viajar de avião, receber uma injeção, ver sangue, ou dirigir um automóvel.

Diferentemente de outros quadros de ansiedade, como a síndrome do pânico, por exemplo, hoje muito estudada e tão discutida em diferentes meios de comunicação, as fobias específicas são pouco conhecidas.

Poucas pessoas procuram tratamento, embora seja um problema frequente, devido ao temor de se exporem ao ridículo por sentirem-se mal diante de coisas tão "normais" do nosso dia a dia.

Esse temor justificado de buscar ajuda casa-se com o grande desconhecimento por parte dos profissionais de saúde que, muitas vezes, consideram o problema sem importância ou não possível de tratamento.

Cecilia Bellina, psicóloga que desde 1994 trabalha com pessoas com fobia de dirigir, adquiriu grande experiência no tratamento desses quadros tão negligenciados.

Seu livro *Dirigir sem medo* apresenta-se como um excelente recurso auxiliar para quem precisa vencer suas limitações e readquirir um aspecto fundamental na sua liberdade de viver.

Prof. Dr. Táki Athanássios Cordás

Instituto e Departamento de Psiquiatria da FM-USP

Introdução

O homem não é a espécie mais forte sobre a terra, nem a mais ágil. Talvez não seja nem a mais esperta [...]. Mas de uma coisa podemos nos orgulhar: somos os mais medrosos.

Revista Super Interessante / n. 10 / outubro 2000 / p. 60

Considera-se o medo como uma emoção. Emoção não apenas humana, mas sim presente em diversos seres vivos. Dados de pesquisas afirmam que quanto maior a capacidade cerebral de um ser, maior a possibilidade de se prever o futuro e, com isso, temê-lo. Assim, pode-se dar ao humano o título de ser o animal mais medroso dentre as espécies.

No entanto, o medo é um sentimento útil, necessário para a sobrevivência de qualquer ser. Ele garante o comportamento de autoproteção e autopreservação. Sem esta emoção faríamos coisas que nos colocariam em sérios apuros e dificilmente teríamos quaisquer chances de sobreviver.

Aos poucos, conforme amadurecemos, aprendemos a identificar, a partir de experiências de vida, os objetos e situações que nos causam temor; aprendemos sobre o mundo e sobre o que dele nos ameaça. O medo torna-se, assim, um componente importante que dará o sinal quando o perigo estiver próximo.

Há, entretanto, situações que ocorrem na vida de muitas pessoas onde o medo se apresenta de forma exagerada ou mal direcionada causando, em muitas destas vezes, prejuízos em diversos departamentos da vida. A este medo exagerado e desproporcional chamamos de fobia.

A fobia faz parte do grupo de transtornos de ansiedade. Há inúmeros tipos de fobias que podem ser estimuladas por incontáveis situações ou objetos, ou seja, estímulos aversivos. Encontramos, assim, em nosso dia a dia, pessoas com fobia de lugares fechados, lugares abertos, falar em público, animais, água, altura ou dirigir.

Muitas vezes as fobias referem-se a coisas ou atividades que são absolutamente normais e corriqueiras para muitas pessoas. Daí vem um dos sofrimentos do fóbico: a incompreensão social de seu problema.

Das diversas fobias existentes, a de dirigir possui características extremamente peculiares. A Fobia de Dirigir pode ter diferentes estímulos, uma vez que dirigir é uma atividade múltipla e que envolve uma enorme gama de comportamentos. Desta forma, há pessoas cujo medo refere-se especificamente à possibilidade da perda do controle da máquina; para outras, o que causa ansiedade é atropelar alguém, passar por túneis ou viadutos. Há, ainda, o fator da exposição que pode fazer a pessoa apresentar medos relacionados a ser observada ou criticada.

Introdução

Vale ressaltar que dirigir é um comportamento aprendido na idade adulta (o que coloca o aprendiz em uma situação incômoda) e que envolve o desenvolvimento de habilidades motoras. Como todo comportamento motor, para tornar-se automático, é necessário que haja frequência em sua execução, ou seja, que a pessoa disposta a adquiri-lo exercite-o, fazendo enfrentamentos no trânsito real.

Enfrentar o trânsito real gera, nos fóbicos de volante, uma série de preocupações: estar exposto à observação e crítica dos outros (pois o trânsito é um ambiente social onde ocorre interação com pessoas diferentes), cometer erros técnicos, como deixar o carro desligar ou voltar em uma subida, atrapalhar outros motoristas dirigindo mais lentamente e tantos outros que surgem de acordo com as experiências de vida de cada um. Mas, como já dito, este aprendizado deve ser desenvolvido diante das condições reais, não sendo possível propor um tratamento que ignore o lado técnico/prático necessário para que o fóbico sinta segurança emocional ao dirigir.

Outro aspecto próprio da fobia de dirigir é o fato de que o indivíduo, neste caso, é responsável pela condução do objeto que lhe causa medo, na situação que lhe causa medo. Sendo assim, tomado pela ansiedade própria deste problema, este indivíduo perde as condições necessárias para o desempenho adequado do comportamento de dirigir. Daí falarmos que a fobia de dirigir também está relacionada ao medo de desempenhar a atividade de forma inadequada.

O trabalho desenvolvido por mim leva em consideração todas as características apresentadas pelas pessoas com fobia de dirigir. Ao pensar e criar uma forma de trabalhar com esse medo não pude deixar de acrescentar ao tratamento um espaço para a exposição do fóbico no ambiente real. Meu objetivo? Ao proporcionar tal experiência ao indivíduo vemos, aos poucos, o aumento das habilidades motoras e, consequentemente, a diminuição da ansiedade.

Um aspecto extremamente importante de qualquer fobia é o fato de que ela se transforma em um problema na vida das pessoas. No entanto, este problema será maior ou menor quando se avalia o tamanho da limitação que ele impõe, gerando prejuízos funcionais. Assim, devemos pensar sempre no quanto um medo exagerado atrapalha ou não nossa vida; no quanto esse medo merece atenção especial e um tratamento. Imaginemos uma pessoa com fobia de cobra e que more em uma cidade grande: essa condição não causaria prejuízos funcionais, pois a probabilidade de que ela entre em contato com seu objeto fóbico é pequena. No entanto, se essa mesma pessoa for um biólogo, prestes a trabalhar em um ambiente onde há possibilidade de encontrar uma cobra, é certo que sua vida sofreria um enorme estresse e, caso quisesse continuar esse trabalho, deveria buscar ajuda.

Pensemos agora em uma pessoa que desenvolveu a fobia de dirigir. Difícil encontrar quem a tenha e que não verbalize os prejuízos diários que ela causa. Essas pessoas, quase que invariavelmente, experimentam dificuldades sérias em seu dia a dia.

Outro ponto relevante está relacionado à autoestima que normalmente, para o fóbico de volante, é bastante afetada. Como dizer que não posso fazer determinada coisa porque sou, apesar de habilitado, incapaz de dirigir? Como dizer aos

Introdução

filhos que, apesar de ter um carro, não posso levá-lo aos lugares porque passar por algumas vias é algo que me aterroriza? A sociedade é, via de regra, muito cruel com o fóbico de volante. Ele é julgado, diminuído e ridicularizado. É também acusado de covarde, chamado de fraco, comodista, incompetente. Comum ouvirem, ainda, que o que sentem não passa de frescura, pois dirigir é fácil demais. Pessoas que não vivenciam o desconforto e sofrimento do medo não conseguem entender a paralisia que acontece diante de um objeto ou situação fóbica. Registro aqui que "o medo de dirigir" não está ligado à incapacidade de aprender. Ele é um transtorno psicológico e, como tal, pode e deve ser tratado. Muitas vezes, o primeiro passo é o mais difícil de ser dado: admitir que há um problema e que ele é digno de ser olhado com atenção. Em todos os campos da vida, admitir que algo não funciona bem é o primeiro degrau para se chegar à sua solução. Negá-lo é, sem dúvida, torná-lo ainda mais forte.

Há cerca de vinte anos tenho trabalhado com pessoas que sofrem de fobia de dirigir. Ainda que, como veremos adiante, esta fobia possa advir de diferentes causas, a consequência, dentro do "não dirigir", é a mesma: prejuízo!

O começo de tudo se deu com minha percepção de que o medo de dirigir tinha, como já disse, certas características específicas, que tornavam o seu portador extremamente carente de alguém a quem pudesse recorrer. Apesar de detentores da técnica da direção, os instrutores de autoescolas convencionais não são aptos a lidar com os medos e ansiedades de um fóbico, papel este do psicólogo. Mas procurar um psicólogo tampouco trazia resultados efetivos, já que este estava limitado a intervenções verbais e dentro do espaço do consultório.

Havia, então, dois problemas a serem solucionados. Como trabalhar com o cliente na situação ou junto ao objeto causador de seu temor, sendo que tal objeto deveria ser conduzido com segurança pelo próprio cliente? Como fazer este trabalho através de uma abordagem psicológica adequada?

Utilizando meus conhecimentos teóricos e tendo escolhido a Psicologia Comportamental (Análise do Comportamento) como área de atuação, cheguei à conclusão de que só havia uma ação a fazer: levar o psicólogo para o carro, onde ele poderia, enfim, trabalhar com o fóbico por meio de uma das técnicas mais eficientes, se não a mais, que é a exposição gradual ao estímulo fóbico. Mas, novamente, um novo problema surge: Como fazer com que enfrente a direção se não tem técnica? E como ensinar a técnica a uma pessoa que se afasta da prática em virtude do medo?

Concluí que havia a necessidade de cuidar, além da ansiedade presente, de todas as dificuldades técnicas que pessoa apresentava. Surgiu, assim, um modelo de trabalho (que hoje é base para todos os serviços realizados) baseado na ideia de que não é possível tratar o medo de dirigir sem provar para o fóbico que ele é capaz de dominar a máquina.

Fui, então, buscar conhecimentos acerca de automóveis e de como ensinar uma pessoa a dirigir. Tornei-me, além de psicóloga, instrutora de volante. Porém, não obtive respostas a todas as minhas dúvidas, nem tampouco orientações para algo tão específico. Que tipo de técnica afinal utilizar para

Introdução

diminuir a ansiedade de um fóbico? Restou-me o aprendizado na prática! Fui para o carro, com o olhar de psicóloga e a atuação de uma instrutora de volante. Dessa prática surgiu o método que hoje é utilizado pela equipe de profissionais que comigo atua.

Posso dizer, sem muita modéstia, que criei uma técnica específica e que traz excelentes resultados para quem tem fobia de dirigir. Montei uma estrutura, na qual passei a contar com profissionais duplamente capacitados, aptos tanto para orientar o aprendizado do volante quanto para efetuar um trabalho psicológico. Mais do que isto, fazer as duas coisas simultaneamente.

O trabalho proposto, denominado por mim de "Terapia do Volante", é formado por etapas. A primeira delas trata-se de uma entrevista onde o cliente tem a oportunidade de relatar sua queixa, seu problema e onde o psicólogo fará um levantamento de dados para conhecer bem sua história de vida. A última etapa foca na realização de objetivos práticos, relacionados a percursos definidos pelo cliente. Em cada etapa são trabalhadas, concomitantemente, a parte psicológica e a parte técnica da direção. Ressalto que cada cliente tem uma planilha de trabalho adaptada às especificidades de seu caso, sendo levadas em consideração todas as suas experiências com o carro, sua técnica, a severidade dos sintomas etc. Ao atingir, com sucesso, os objetivos a que se propõe, o cliente recebe sua alta.

Nestes anos todos, o tratamento, criado por mim, sofreu variações, objetivando um processo mais eficiente e rápido. Estudos, pesquisas e muita prática fortaleceram e aperfeiçoaram a "Terapia do Volante". Atualmente a Clínica Escola oferece tratamentos personalizados e diferenciados para cada cliente. Em 2009 incorporei ao método a Psicoterapia em Grupo, técnica que se mostrou eficiente e permitiu que o processo fosse mais rápido do que era comum até então. Com o grupo os clientes passam a dividir suas angústias e conflitos. Dividem, ainda, suas conquistas e superações. Hoje, este tipo de trabalho é considerado nosso carro-chefe, sendo que 80% dos clientes são atendidos no formato grupo e enfrentamentos práticos no carro, feitos por nossos acompanhantes terapêuticos (Ats).

Para nossa satisfação, temos um índice muito baixo de recaídas, pois superou o medo, com esse método, é plenamente resolvido. O ex-fóbico torna-se, então, um motorista defensivo, consciente e feliz.

Gostaria de apresentar alguns dados estatísticos sobre a Fobia de Dirigir, dados armazenados e apurados após havermos atendido cerca de 20.000 clientes.

O primeiro deles mostra que mais de 90% de nossos clientes são do sexo feminino[1].

A maior parte de nossos clientes está na faixa etária que vai dos 30 aos 50 anos de idade;

60% têm curso superior completo e outros 40% o segundo grau; mais de 95% possuem habilitação; 85% possuem carro próprio. Grande parte queixa-se de outros tipos

---

[1] Levantamos várias hipóteses acerca desse fato: Será que mulheres sentem mais medo que homens? Será que as mulheres procuram mais ajuda para esse medo do que os homens? Ainda estamos atrás de informações para determinar a causa dessa condição e esperamos, em breve, informá-los em uma próxima obra.

Introdução

de fobias, sendo que as de água e de altura são as mais frequentes; 28% nunca sofreram nenhum acidente de carro e 40% o sofreram, mas não estavam dirigindo. Devo ressaltar que, em nosso trabalho, consideramos "acidente" qualquer evento que ocorra, desde pequenas colisões até os de grandes proporções.

Entre as reações físicas presentes nos quadros fóbicos temos, como mais citadas, sudorese (55%), tremores (49%), taquicardia (42%) e secura na boca (33%). Dentre as consequências sociais do problema, vamos da vida profissional ao lazer, passando quase sempre pelos âmbitos familiar e amoroso.

O dado que mais me alegra em divulgar é o que se refere ao sucesso que temos tido em nosso trabalho: cerca de 80% das pessoas que nos procuram têm alta e ficam livres de seus problemas com o volante. Temos a satisfação de dizer que deixamos o carro "dentro" da vida de todas estas pessoas. Claro que algumas delas levam menos tempo, outras têm mais dificuldades. No entanto, até este momento nunca tivemos que dizer a um cliente: *"Sinto muito, mas não conseguimos resolver o seu problema!"*

Sempre foi um desejo mostrar a eficiência de meu trabalho para aqueles que precisavam de ajuda. Por isso a existência deste livro. O grande objetivo dele é informar e oferecer aos leitores uma luz no fim do túnel às pessoas que sofrem com a fobia de dirigir.

Nas páginas que seguem você entrará em contato com as experiências que me levaram a trabalhar nesta área da Psicologia. Também será informado acerca dos diferentes tipos de transtornos de ansiedade que podem, de alguma forma, desaguar na fobia de dirigir. Terá contato, enquanto explico acerca da ansiedade, com as histórias de diferentes clientes que foram atendidos na Clínica Escola. Não se aflija com os relatos que, por vezes, trazem um conteúdo mais expressivo e forte. Estes casos mais severos foram escolhidos com a finalidade de evidenciar o sucesso obtido. O intuito maior é mostrar que quaisquer casos podem ser tratados.

Óbvio que milagre não há. Alguns tratamentos podem ser longos ou lentos, mas no campo dos medos irracionais, cada pequeno passo é sempre uma grande conquista que vale muito a pena. Costumamos dizer ao cliente que o primeiro passo está dado e que agora ele deve confiar e acatar as orientações, pois estão diante de um excelente método e nas mãos de ótimos profissionais.

Estou extremamente feliz com resultados obtidos pelo meu trabalho, sobretudo considerando que os mesmos são feitos para o bem-estar das pessoas. No entanto, sei que sempre há o que se aprender e evoluir e esse é meu compromisso com as pessoas que buscam apoio em minha equipe.

Quero agradecer a valiosa contribuição de cada cliente que relatou as histórias que seguem a partir de agora. Acredito que o melhor saldo que se possa tirar de uma experiência ruim que foi vencida é justamente a possibilidade de poder, de alguma forma, ajudar a quem ainda a esteja enfrentando.

Abraços
Cecilia Bellina
2012

CAPÍTULO 1

O despertar

Desde muito cedo tive paixão por dirigir. Lembro-me bem de, ainda menina, passar horas dentro do carro de meu pai estacionado na garagem, fingindo que guiava por aí. Sempre observava tudo que os adultos faziam quando estavam ao volante, e estava sempre pronta a bombardeá-los com minhas perguntas sobre marchas, pedais e tudo mais...

Quando, enfim, cheguei aos dezoito anos de idade, idade que sempre demora a qualquer adolescente que adora dirigir, não tive nenhum problema para tirar minha habilitação. Senti-me extremamente feliz, pois já podia pegar meu carro e sair para qualquer lugar que quisesse. Adorava viajar, pegar estradas e conhecer lugares novos. Estava sempre para cima e para baixo com meu carro...

Por outro lado, eu já observava que nem todos tinham as mesmas facilidades que eu apresentava. Para muita gente, tanto amigos meus como membros de minha família, dirigir não era prazeroso como era para mim. Para alguns parecia ser mesmo um verdadeiro fardo. Alguns amigos meus, lembro--me bem, chegavam a enfrentar verdadeiras crises existenciais pela proximidade dos dezoito anos e sentiam verdadeira "paúra" por terem que dirigir. Não que a rigor o tivessem, mas havia toda aquela pressão social que os cobrava chegar aos dezoito e tirar carteira de motorista.

Como adorava dirigir, fui me tornando uma pessoa solicitada para fazer favores que necessitassem de alguém ao volante. Se minha avó tinha que ser levada ao médico, ia eu... Se era preciso comprar algo no supermercado, ia eu... Se a turma tinha que se reunir para fazer um trabalho na casa de alguém, eu ia buscar e levar todo mundo! Quanto aos amigos a que acima me referi, comecei a ser solicitada para ajudá-los. Se alguém estivesse receoso por ter que pegar o carro sozinho pela primeira vez, eu era a pessoa certa para acompanhá-lo, e o interessante é que aquilo era algo que eu gostava de fazer e, considerando as reações, fazia muito bem feito. Cheguei a ter fama entre minha turma como sendo uma boa companhia para os iniciantes em dirigir.

Minha vida, como a de todos nós, tem passagens interessantes, momentos agradáveis e outros nem tanto, histórias alegres e tristes. Experimentei, em um desses momentos, as mesmas sensações que levaram você, leitor, a comprar este livro.

Após vivenciar uma situação de extrema ansiedade desenvolvi um quadro de estresse pós-traumático (capítulo 7). Comecei a apresentar uma série de sintomas que, após a

O despertar

ocorrência do fato em si, não eram ligados a nenhum motivo real.

Não aguentando mais aquele sofrimento, saí em busca do melhor tratamento profissional para o meu problema. Sendo eu própria uma psicóloga, não tive qualquer dificuldade em localizar e contatar profissionais da área. Iniciei um trabalho com um excelente terapeuta que me fora indicado. Não fazia ideia de como a minha vida iria mudar...

Além de ter conseguido um progresso extremamente gratificante em meu tratamento, comecei a investigar e descobrir inúmeros aspectos científicos interessantes acerca da questão das fobias e dos medos patológicos em geral, algo que jamais me havia despertado tamanho interesse. Porém, tendo sentido na pele, busquei mais conhecimento. Agora eu poderia ler qualquer texto teórico que se relacionasse à fobia e, realmente, entender cada uma das sensações das pessoas que sofrem deste mal. De uma hora para outra, tudo parecia fazer sentido em minha vida... O prazer que eu sentia desde moça em ajudar pessoas a vencer seus medos fazia-se muito mais presente em mim agora que eu havia passado pela experiência de sentir um medo desproporcional e irracional (mesmo tendo sido originado de outra situação). Eu agora era mais do que uma nutricionista que sabia todos os componentes químicos de um determinado alimento... Eu realmente o havia provado em meu paladar! E eu sabia, agora mais do que nunca, que havia um trabalho árduo, porém extremamente recompensador à minha espera nesta área da Psicologia. Faltava apenas o último passo: a coragem para abandonar a segurança do emprego que eu tinha em uma grande empresa.

Mas o destino fez com que eu, por problemas políticos, tivesse que sair da empresa. Era já o ano de 1993 e eu vinha, como disse, dedicando-me a estudar especificamente o medo de dirigir, em todas as suas nuances. Ademais, sentia-me extremamente forte pelo fato de eu própria ter passado por um problema semelhante e tê-lo superado totalmente. Compreendi que aquela era a hora. Que eu podia alcançar um voo mais alto. Que era o momento de acreditar em um sonho que havia surgido.

Com uma infraestrutura ainda pequena, contando apenas com o apoio sempre importante de meu marido, pus um tímido anúncio de revista, que dizia *"Psicóloga tira medo de dirigir"*. Em dois dias recebi tantos telefonemas que preenchi minha agenda por meses...

Capítulo **2**

Com medo de sentir medo

Elaine sempre fora uma mulher extremamente ativa antes de tudo haver começado, há cerca de doze anos. Naquela época, além de esposa e mãe de duas filhas, ela era uma profissional de extremo sucesso na área da computação. Sucesso que, contudo, vinha lhe custando uma carga de trabalho cada vez mais estafante, e a verdade é que Elaine sentia-se um pouco estressada quando daquela sua primeira crise. Como disse, isso ocorreu há cerca de doze anos, mas é curioso o fato de ela não saber dizer com precisão a data, mesmo que incompleta (ao menos o ano), do acontecido, o que a difere da maioria dos pacientes com histórias parecidas, que raramente deixam de narrar este tipo de detalhe.

Aquele havia sido um dia extremamente cansativo. Havia a perspectiva de um contrato com um novo e importante

Dirigir sem Medo

cliente, o que seria bastante interessante para a empresa de Elaine. Porém, em função desse contrato, ela tinha tido que trabalhar até tarde da noite. Era já cerca de uma hora da manhã quando finalmente se dirigia para casa...

> Lembro-me de estar realmente cansada naquela noite. Aliás, eu vinha muito cansada naqueles dias... Mas não é o cansaço do que melhor me recordo. Lembro-me claramente de, desde haver deixado a empresa por volta de uma da manhã, sentir algo estranho, diferente, difícil de definir, parecido com um bolo no estômago, uma espécie de angústia no peito, além de uma sensação de enjoo que ia gradativamente aumentando... Era muito estranho... Não obstante eu estar totalmente habituada a fazer aquele caminho da empresa até minha casa, lembro-me bem de sentir também uma espécie de aflição que me impulsionava a querer chegar o quanto antes... Era uma coisa meio irracional, que me fazia sentir como se algo me ameaçasse, o que absolutamente não estava acontecendo. Talvez parecesse, não sei, que algo que eu houvesse comido tivesse caído mal... Mas eu não havia comido nada nas horas precedentes!

Este tipo de narrativa é comum entre os que têm ou tiveram crises de pânico. Com efeito, as crises ora eclodem em total surpresa, ora são precedidas desses sintomas referidos que não duram mais do que dezenas de minutos até que venha a crise propriamente dita.

Com medo de sentir medo

Pouco a pouco, aquele estranho mal-estar foi se agravando... A aflição que me fazia impaciente para chegar em casa agora já se manifestava com uma surpreendente taquicardia. Cada semáforo que se fechava à minha frente, custando mais um ou dois minutos ao meu trajeto, parecia um enorme obstáculo... Comecei a temer ao considerar a possibilidade de ter algum problema cardíaco...

A primeira vez ou as primeiras vezes em que o paciente sofre uma crise de pânico, há a agravante da surpresa, bem como o da ignorância acerca do que se passa. Imaginar tratar-se de um colapso cardíaco, como um infarto, é extremamente comum.

Mas o pior ainda estava por vir... Eu estava já a poucos quarteirões de casa... Parecia que, apesar daquelas estranhas sensações que me haviam assolado, eu havia praticamente conseguido chegar, e em casa eu melhor estaria apta a ser socorrida em caso de alguma emergência médica, mesmo porque meus familiares lá se encontravam... Entretanto, pensei nisso cedo demais... Eu estava parada em uma esquina. Era o último semáforo que havia em meu trajeto. Havia dois garçons conversando na calçada. De repente, foi como se eu sentisse um tranco, algo que eu jamais havia sentido... Meu corpo começou a tremer freneticamente, sobretudo as pernas e a boca, os dentes passaram a bater. A taquicardia que eu já sentia pareceu ter dobrado a sua frequência, comecei a suar abundantemente de um segundo para outro, senti que estava desmaiando...

Mais alguns segundos e o semáforo se abriu. Mas seguir em frente, ainda que estivesse tão próxima de casa, era loucura... Não me lembro se havia algum carro atrás de mim... Provavelmente não... O certo é que desci e fiquei de pé na rua, com o braço esquerdo sobre o carro... "Estou tendo um troço!", pensei... Os dois garçons me observavam...

– A senhora está sentindo alguma coisa? – Perguntou-me um deles.

Não sabia exatamente o que responder. Mesmo crendo que estava acontecendo algo grave, eu não queria aceitar. Contudo, aquela não era uma boa hora para ser cabeça dura...

– Estou passando mal...

– A senhora quer que chamemos um médico? Ou que a levemos até um hospital?

– Não, mas ficaria extremamente grata se um de vocês me acompanhasse até minha casa. Não estou em condições de dirigir sozinha. Fica logo ali...

Os dois garçons se entreolharam. Normalmente, sobretudo hoje em dia, qualquer pessoa prevenida não vai entrando assim no carro de alguém estranho. Infelizmente, a violência está em toda parte... Contudo, talvez pelo fato de minha aparência demonstrar que eu efetivamente estava passando muito mal, ou talvez pelo

Com medo de sentir medo

simples fato de eu ser mulher, um deles concordou em acompanhar-me até minha casa.

Sem saber se aquilo era racional ou não, a verdade é que o fato de estar agora acompanhada, mesmo que por uma pessoa estranha, trouxe-me um certo alento, o que denunciava que havia um componente emocional que desde já eu podia perceber, o qual, mais tarde, mostrar-se-ia de extrema relevância no que tange às situações que eu viria a enfrentar... Sentei de novo ao volante e destravei a porta do carona para o rapaz entrar. A primeira coisa que fiz foi dizer-lhe meu endereço.

– Tudo bem. Eu conheço a rua. Fica aqui bem pertinho...

– Pois então me faça um favor... Leve-me para casa se eu desmaiar!

A crise de pânico é causada por uma descarga inoportuna de algumas substâncias que atuam no cérebro, dentre as quais se destacam a serotonina e a noradrenalina, que traz à pessoa inúmeros sintomas extremamente desagradáveis, como os que acima foram relatados por Elaine: suor, tremedeira, boca seca, sensação de perda de controle ou de iminência de desmaio, taquicardia etc.

A companhia do garçom, extremamente gentil e simpático, de fato ajudou-me a recuperar em parte minha calma para que eu dirigisse por mais aqueles metros. Não sei se foi sensato pegar o volante naquele estado.

> Mas eu tinha que fazê-lo. Durante aqueles poucos minutos, o garçom perguntou-me se eu já havia me sentido daquela forma, ou se tomava alguma coisa contra aquilo, mas eu sequer conseguia dizer a ele, ou mesmo a mim própria, o que exatamente eu tinha.
>
> Consegui embicar o carro na garagem. Felizmente, o desmaio que eu temia vir a sofrer não aconteceu. Apesar de alguns dos sintomas ainda persistirem, ter chegado em casa proporcionou-me um alívio indescritível. Era um medo estranho, obscuro, mal definido, que me fazia simplesmente querer fugir daquela situação, e no caso daquele lugar, chegar em casa, onde de fato aquele medo pareceu ter passado... Mas era tudo, insisto, muito estranho... Havia este medo, mas medo de quê?
>
> Entrando em minha casa, fartei-me de água e fui direto para a cama, tentando explicar ao meu marido o que havia se passado. Contudo, logo percebi que não seria fácil...

Já no caso da crise de pânico patológica, como é o caso da que Elaine agora nos narra, o corpo apresenta essas reações sem que haja qualquer perigo ou ameaça ao paciente. É como um alarme que dispara à toa. De repente, em uma situação normal e segura, vem aquele terrível estado de ansiedade, acompanhado de todos os mencionados sintomas físicos, como se tivesse uma arma apontada para a cabeça. Pior ainda, a consciência de que não há nada que justifique tal estado de pavor ainda agrava a situação, pois tende a fazer

Com medo de sentir medo

com que o paciente imagine que está ficando louco, ou algo assim.

Veio o dia seguinte, e já seria definitivamente irracional que eu recusasse marcar uma consulta com um cardiologista, afinal eu já não era nenhuma criança. Tinha sido algo sério e precisava ser averiguado. Dito e feito, lá fui eu...

Parecia estranho, e eu sequer ousava tentar pôr em palavras, mas a verdade é que eu sentia ainda medo, mas era agora um medo com duas facetas... Por um lado, eu obviamente temia que o médico dissesse que eu tinha algo grave, mas, por outro lado, assustava-me também a hipótese de ele dizer que eu não tinha nada. Era como se eu já estivesse captando no ar que aquele inexplicável medo que tanto eu sentira no momento da crise seria algo não tão simples de se lidar, como realmente não foi. Pior ainda, eu já pressentia que ele podia voltar. Na verdade, creio que, mais do que os sintomas físicos, aquela até então inédita sensação de medo havia profundamente me marcado.

Como disse anteriormente, a crise de pânico patológica ocorre a partir da inoportuna descarga de algumas substâncias no cérebro que deveria ocorrer apenas quando a pessoa se vê em uma situação limite de perigo. Contudo, algo extremamente importante para a compreensão do problema consiste em perceber que, ainda que o paciente, no momento da crise, saiba racionalmente que não há contra

35

ele qualquer perigo ou ameaça real, ele sente, além dos sintomas físicos já referidos, uma força que o impulsiona a fugir daquela situação. Daí esse estranho medo que Elaine sentia, mas não conseguia entender. Algo dentro dela dizia: "Fuja! Perigo!", quando, na verdade, não havia nada o que temer...

O cardiologista, tendo ouvido atentamente meu relato acerca do acontecido, submeteu-me a um verdadeiro *check-up* em seu consultório. Ao final, foi categórico:

– Você está ótima! Tem coração para cem anos! E depois, como seria de se esperar, observou:

– Talvez esteja apenas um pouco estressada... Você mesma disse que tem trabalhado demais... Por que não tira umas férias?

Eu simplesmente não sabia o que pensar. É claro que me aliviou estar livre de ser uma cardiopatia naquela altura da minha vida. Mas estresse? Sim, eu estava de fato estressada... Mas seria a simples estafa capaz de levar alguém a sentir o que eu senti? Meu marido, que obviamente não podia, apenas pelas minhas imprecisas palavras, conceber em plenitude aquilo por que eu passara, creu que sim, e passou a tagarelar em meu ouvido que eu de fato precisava tirar férias, e, mais ainda, trabalhar menos de então em diante.

Na verdade, o pânico não é necessariamente patológico. Uma pessoa pode e deve entrar em estado de pânico se estiver vivenciando uma situação extrema, que lhe ofereça um

Com medo de sentir medo

risco sério, como no caso de um assalto ou de um incêndio. As reações corporais ao perigo real são sadias e têm uma razão de ser. Poucos sabem, por exemplo, que o coração dispara e a respiração torna-se ofegante nessas situações com o "intuito" de bombear mais sangue e assim melhor oxigenar os músculos para que a pessoa tenha melhores condições, inclusive de fugir. A incontinência urinária, que também pode ocorrer em casos de extremo pavor, tem por sentido evitar que, em caso de ferimento com perfuração da bexiga, não haja uma contaminação do sangue pela urina, e assim por diante...

Alguns dias se passaram e, sendo o tempo sempre um remédio para tudo, eu ia aos poucos cada vez pensando menos sobre o ocorrido, ainda que sentisse, como disse, calafrios sempre que passava por aquela esquina. Contudo, não tardou para que aquilo voltasse a acontecer. Novamente eu estava em uma situação corriqueira e veio de novo aquela sensação horrível. Todos aqueles sintomas que já descrevi, e medo. Muito medo. Um medo simplesmente indescritível. Além disso, os sintomas agora já até pareciam mais severos, e de novo aquela nítida sensação de desmaio. Um desmaio que parecia certo, mas que nunca acontecia.

Poupo-me a voltar a descrever com detalhes cada uma daquelas crises. Prefiro dizer que se trata de algo simplesmente indescritível, que só quem sente é que sabe como é. O fato é que, dias depois de ter acontecido pela segunda vez, aconteceu pela terceira, e pela quarta, e logo aquilo se tornou uma rotina. Uma terrível e dolorosa rotina. Ao cabo de alguns meses, eu, que sempre fora uma mulher extremamente ativa, fui vendo minha vida se complicar pelo fato de eu simplesmente não ser capaz de fazer sozinha certos trajetos. A cada nova crise, eu me sentia mais apavorada e mais limitada. Bastava que ocorresse em uma determinada situação, e esta já se tornava fóbica para mim.

Conforme expliquei, a pessoa que sofre uma crise de pânico patológica sabe perfeitamente que não há naquela situação nada que a esteja ameaçando. Todavia, é inevitável que ocorra uma associação entre a crise e a situação, que leva o paciente, a partir de então, a temer esta com medo daquela. Conforme Elaine bem frisou, a cada vez que a crise ocorre adquire-se uma espécie de fobia da situação em que aquela se deu. Assim, se a crise ocorrer em uma estrada, a pessoa provavelmente ficará com medo de pegar estradas; se ocorrer em um trem, ficará com medo de tomar trens, e assim por diante. Por este motivo, é comum que os pacientes que apresentam o quadro de síndrome do pânico sintam uma espécie de cerco que contra eles se fecha, já que a cada nova crise, surge um novo objeto fóbico, até que praticamente não consegue sair de casa. Ademais, é importante observar que, apesar dessas crises patológicas serem a princípio espontâneas, a ansiedade que se sente antes de enfrentar uma dessas situações que se tornaram então objetos de temor é tão forte, que efetivamente deflagra uma nova crise, agravando-se assim o problema. A este mecanismo dá-se o nome de ansiedade antecipatória.

Com medo de sentir medo

Tendo os exames realizados pelo cardiologista sido em branco, decidi que seria interessante procurar especialistas de outras áreas. Talvez se tratasse de algo cujos sintomas parecessem os de um infarto, mas que tivesse origem em algum órgão ou região do corpo que não o coração. Conforme expliquei, jamais me passou pela cabeça até então procurar um psiquiatra. Infelizmente, por ignorância ou preconceito das pessoas em geral, e inclusive meu àquela época, o psiquiatra costuma ser estigmatizado como "médico de louco".

De qualquer forma, comecei a colecionar consultas, sempre sem sucesso, com os mais diversos especialistas da área médica. Neurologista, endocrinologista, otorrinolaringologista etc. E o pior de tudo nem era não encontrar um diagnóstico para o meu problema, mas sentir que quem me ouvia sequer conseguia compreender o que eu sentia. Essa sensação de incompreensão, aliás, é algo extremamente doloroso para a pessoa que sofre de síndrome do pânico, e, com o tempo e a sucessão de diagnósticos em branco, isto começou a vir de minha própria família. Com efeito, meu marido começou a insinuar, e depois a de fato dizer, coisas como: "Acho que isso é pura invenção da sua cabeça".

Se a falta de informação é algo problemático em qualquer assunto, muito mais o é neste caso. Elaine não teria que ter passado por esta verdadeira via sacra por consultórios médicos se ao menos um dos que a atenderam tivesse um mínimo de conhecimento sobre síndrome do pânico, algo

39

que na verdade é muito mais comum do que a maioria de nós imagina. Mas infelizmente não é o que ocorre, e a verdade é que, se mais de 90% dos pacientes com este problema começam por consultar um cardiologista, pode-se afirmar que o mesmo tanto passa pela mesma experiência de perambular por aí de especialista em especialista sem encontrar respostas. Quanto ao preconceito que as pessoas em geral têm contra o psiquiatra, é, infelizmente, uma outra verdade que ela mencionou. Procurar um psiquiatra não significa, em absoluto, que você esteja "louco", e, no caso da síndrome do pânico, que definitivamente não tem nada a ver com nenhum tipo de "loucura", a atuação deste profissional faz-se absolutamente necessária.

Quanto à incompreensão de que Elaine se queixava por parte de seus entes, trata-se, também, de algo praticamente obrigatório nas histórias de pacientes com síndrome do pânico. A pessoa queixa-se de um estado de terror que sente em várias situações, mas não consegue dizer exatamente o que teme, o que dificulta enormemente que os outros a entendam. Além disso, ela torna-se extremamente dependente das pessoas à sua volta, sendo muitas vezes até uma companhia pesada e castrativa. Com o passar do tempo e o agravamento do problema, é praticamente impossível que qualquer relacionamento, mesmo em família, não fique desgastado e venha uma forte sensação de incompreensão.

A maternidade sempre foi aquilo que considero que há de mais importante em minha vida. Tenho duas filhas, hoje já adultas, por quem sempre fiz e faço tudo o que

Com medo de sentir medo

esteja ao meu alcance, e contribuir e zelar pela felicidade e realização delas sempre foi um verdadeiro norte em minha vida. Contudo, mesmo com relação a elas, a síndrome do pânico me fez passar por momentos extremamente constrangedores, que me faziam sentir, além de incompreendida, extremamente culpada pelo quanto estava se passando.

Eu já havia mudado de emprego por causa do meu problema. Estava impossível continuar no ritmo que a firma onde eu trabalhava impunha, bem como enfrentar diariamente aquele trajeto entre minha casa e o escritório. Minha vida tinha sido podada em vários aspectos. Eu me tornara uma pessoa limitada em minhas atividades, sobretudo em função da limitação puramente geográfica que o problema me impunha. Já era apenas por uma pequena região ao redor de minha residência que eu era capaz de transitar, e até isso me custava um esforço cada vez maior. Contudo, não havia como me evadir de tarefas relativas às meninas, que, adolescentes que eram, precisavam de mim para levá-las a toda parte. Meu marido, ainda que tentasse ao máximo ajudar neste ponto, era impossibilitado por seus compromissos profissionais. Gostaria de deixar registrado neste depoimento que inúmeras vezes eu lutei com todas as minhas forças para poupar minhas filhas de presenciarem uma crise de pânico em alguma dessas ocasiões em que eu as tinha que levar ou buscar, e Deus, além das outras pessoas que vivem ou viveram este problema, é testemunha do quanto isso foi difícil. E o pior é que nem sempre eu consegui. Para resumir, a coisa chegou ao ponto que minhas filhas, sobretudo a mais nova, chegaram a ter vergonha de andar comigo, temerosas de que acontecesse na frente dos outros aquela "coisa" que elas não conseguiam entender.

E mesmo que a culpa me corroesse, e talvez até hoje me corroa por dentro, o fato é que tenho que admitir que, do ponto de vista delas, elas não estavam sem razão...

Foi em uma matéria, lida por acaso, que pela primeira vez ouvi a expressão "síndrome do pânico", e quase fui às lágrimas ao constatar que, pelos detalhes que ali estavam expostos, aquilo parecia ser exatamente o que estava acontecendo comigo. Àquela altura, já me sentia um verdadeiro farrapo humano, praticamente sem esperanças de superar aquela coisa maldita que vinha assolando a minha vida, e, mais ainda, desacreditada e desmoralizada perante minha própria família. Até então, e o repito para novamente ressaltar o quanto é forte o preconceito a que já me referi, eu jamais havia sequer concebido a hipótese de procurar um psiquiatra. Seria enfim a resposta?

Meu marido acompanhou-me naquela primeira consulta. Lembro-me perfeitamente de que, conforme eu relatava ao médico os meus sintomas, meu marido disse...

– Eu sempre digo a ela: "Calma! Relaxe"! E o psiquiatra retrucou:

Com medo de sentir medo

– Que tal se o senhor estiver sentindo uma dor de dente e alguém lhe disser: "Calma! Relaxe"!?

Parecia incrível, mas naquela simples resposta o psiquiatra conseguiu transmitir com imensa clareza tudo aquilo que eu há tempos vinha tentando e não conseguia. Mais ainda, conforme eu relatava o problema e ele fazia perguntas e observações, eu sentia que finalmente alguém parecia entender exatamente aquilo que eu estava falando. Naquele dia, vi uma luz no fim do imenso e escuro túnel que eu vinha cruzando.

Não existe, conforme já expliquei, nenhum exame clínico ou de laboratório que comprove materialmente que o paciente sofre de síndrome do pânico. O diagnóstico é feito exclusivamente, como, aliás, geralmente ocorre nos problemas desta ordem, com base na história do paciente. Quanto ao tratamento, ele se baseia primordialmente em duas coisas: Na utilização de antidepressivos, que são capazes de evitar a ocorrência das crises, e no enfrentamento ou exposição às situações que o paciente passou a temer em virtude do problema. É certo que, mesmo com a ação dos antidepressivos, permanece ainda uma enorme ansiedade diante de cada enfrentamento, a referida ansiedade antecipatória. Contudo, conforme as situações são vivenciadas sem que a crise venha a eclodir, a pessoa vai ganhando confiança e aos poucos retornando sua vida normal.

Sempre tive, confesso, uma certa resistência em lançar mão de medicamentos, principalmente os desse gênero,

Dirigir sem Medo

para tratar o que quer que fosse. Pode parecer contraditório, mas mesmo na situação em que me encontrava assombravam-me pensamentos de temor de que eu eventualmente tornasse-me dependente de algum tipo de droga. Todavia era óbvio que eu não estava em posição de refugar. Assim, dito e feito, comecei o tratamento proposto pelo psiquiatra e mal pude crer que, para meu enorme alívio, apresentei melhora imediata. Com efeito, o remédio funcionou exatamente como me fora explicado.

Foi neste momento do tratamento psiquiátrico que tive condições emocionais para pensar em resolver o problema relacionado ao carro. As limitações impostas por ter parado de dirigir já se mostravam bastante grandes. Não podia deixar de fazê-lo. Dirigir era necessário para que pudesse voltar a ter uma vida normal.

Decidida a enfrentar a ansiedade relacionada ao carro, Elaine procurou o tratamento oferecido pelo Centro de Treinamento. Logo no começo da terapia ficou bastante claro, para Elaine e para mim, que não havia dificuldade técnica no que se relacionava ao ato de dirigir. Nosso grande desafio era vencer sua ansiedade. Desde o início eu já estava consciente de que minha cliente tinha muito medo de dirigir por túneis e pontes, e era exatamente o que meu planejamento terapêutico iria objetivar.

A melhora obtida por meio da medicação já me permitia colocá-la nos enfrentamentos. Iniciei a terapia dando

Com medo de sentir medo

continuidade ao que ela já fazia – andar pelo bairro – e fui, gradativamente, chegando ao motivador de seu medo.

Não é nada fácil para um ser humano assumir seus medos e mais difícil ainda lutar contra eles. Elaine sabia que eu a apoiaria e daria todo suporte emocional de que ela precisasse, porém sabia que eu a colocaria em situações difíceis, provocando, propositadamente, seu medo. Foi exatamente o que foi feito: Elaine e eu sobre pontes ou sob túneis.

> Enfrentar aquelas situações era torturante. Acreditava o tempo todo que iria perder o controle, desmaiar. Mas seguia em frente. Confiava em minha terapeuta e sabia que ela não me exporia a situações das quais eu não conseguiria sair.

Dentre as inúmeras técnicas existentes na terapia comportamental, para se tratar o pânico, usei com Elaine a exposição ao vivo, o relaxamento muscular com uma música escolhida por ela e a visualização de saídas.

Uma saída é qualquer coisa – real ou imaginária – que ajuda o indivíduo a entrar no local ou situação temida dando-lhe uma saída garantida. Ela tem por objetivo manter a pessoa no ambiente que lhe causa desconforto. Ela permite que a situação seja enfrentada com mais tranquilidade, pois saber que se pode sair diminui a vontade de fazê-lo (Jerilyn Ross).

Comecei, pouco a pouco, a fazer Elaine encontrar suas próprias saídas. Contar de trás para frente, contar pulando números, pensar ou cantar uma música, pedir ajuda a alguém, estacionar o carro etc. Aos poucos, Elaine foi encontrando, sozinha, seus próprios meios de se tranquilizar.

Por muitas vezes presenciei suas crises durante os enfrentamentos. Era, nesses momentos, requisitada a falar sem parar e a tocá-la. Cabe aqui registrar que cada cliente requisita seu terapeuta de forma diferente, Elaine me requisitava desta forma.

O psiquiatra de Elaine e eu passamos a trabalhar juntos objetivando a diminuição da medicação e o aumento da exposição. Fomos, aos poucos, vendo Elaine se fortalecer, diminuir a quantidade de crises de pânico e de ansiedade antecipatória. Com isso pôde, com orientação médica, deixar de tomar os remédios.

Aos poucos, minha vida foi se reencaixando na normalidade. Cada pequeno passo que conquistava era sempre motivo de enorme alegria e emoção. Mesmo com o medicamento em ação, a ansiedade que se sente antes de enfrentar uma situação onde aconteceu uma crise de pânico é enorme, e muitas vezes não foi na primeira ou na segunda tentativa que o consegui. Contudo, às vezes aos trancos e barrancos, já dei muitos passos neste caminho que a vida me impôs percorrer. Dirigir por alguns lugares, sobretudo por onde há pontes, é ainda algo que me assusta. Hoje, de comum acordo com meu psiquiatra, já não tomo o remédio e o tratamento proposto pela Clínica Escola tem se mostrado bastante eficaz, proporcionado-me novos progressos.

Com medo de sentir medo

A síndrome do pânico para quem, como Elaine, vive em uma cidade grande como São Paulo, inevitavelmente deságua em problemas referentes ao ir e vir. Se o paciente tem seu carro e dirige, é altamente provável que crises ocorram nesta situação e determinem, como no caso dela, uma consequente fobia de dirigir. Na verdade, e que isso fique bem claro, o que se teme em última análise não é o dirigir, ou o dirigindo em algum lugar, mas sim que uma nova crise ocorra naquela mesma situação. Como já disse, trata-se sim de uma associação. Ademais, considerando ainda o cotidiano na cidade grande, todos os enfrentamentos ou exposições a que Elaine deveria se propor passam inevitavelmente pelo ato de dirigir, já que o carro é seu meio de transporte. Pode-se afirmar, assim, que a síndrome do pânico é, de fato, um dos tipos de problema que quase invariavelmente afluem para o medo de dirigir.

Conforme disse ela própria, o tratamento proposto em nossa clínica tem-se mostrado bastante eficiente, proporcionando a Elaine um alargamento de seus limites a cada dia que passa. Observa-se, inclusive, que no caso dela o trabalho acaba até sendo facilitado por combinar em vários aspectos com a exposição aos objetos fóbicos, imposta pelo psiquiatra. Na verdade, Elaine ainda tem muito o que percorrer. Seu problema com pontes, que parece ser seu último grande obstáculo, vem sendo ultimamente abordado em nossos trabalhos, e creio que, no ritmo em que estamos, ela voltará em breve a sentir-se livre para dirigir por onde quiser.

Quanto à questão dos antidepressivos, prefiro, como psicóloga, poupar-me de muito comentar a respeito. Registraria apenas que, em casos de síndrome do pânico, sobretudo nos severos como o de Elaine, não apenas sou favorável como creio ser indispensável a sua utilização. Apenas para informar, o tratamento padrão prevê a utilização do medicamento pelo prazo mínimo de um ano, em concomitância com os exercícios de exposição, findo o qual, desde que o paciente apresente uma melhora significativa em relação a seu comportamento fóbico, deverá o mesmo ser retirado paulatinamente.

CAPÍTULO 3

Quando errar não é humano

É bastante provável que a maioria das pessoas jamais tenha pensado no termo "perfeccionismo" como algo que possa ser problemático ou doentio. Ao contrário, o perfeccionista é, de um modo geral, tido como alguém admirável por sua maneira ímpar de buscar sempre o máximo em tudo o que faz, e que não se satisfaz com menos do que isso. De fato, segundo o senso comum, a frase anterior o descreve com exatidão. Contudo, assim como o pânico, também o perfeccionismo pode ser algo normal ou, em alguns casos, patológico.

O perfeccionismo caracteriza-se por comportamentos que se verificam quando o cliente desempenha, ou precisa desempenhar, alguma função. No nosso caso, dirigir, o temor está no receio exagerado de cometer erros, mesmo que comuns, durante este desempenho. Creio não me equivocar ao propor para o perfeccionismo, sempre com o lembrete de que aqui falamos de sua versão patológica, o sinônimo "fobia de desempenho".

Célia, 35 anos, casada, é um caso típico de perfeccionismo. Durante anos deixou de dirigir em virtude do problema. Tem participado de nosso trabalho e já progrediu bastante. Ainda sofre com certas limitações, mas já é capaz de dirigir por algumas partes da cidade.

Quando completei 18 anos de idade a ansiedade por tirar minha carta e poder dirigir por onde quisesse era enorme, típica de uma jovem naquela idade. Lembro--me de ter procurado uma autoescola ainda antes de chegar meu aniversário. Porém, assim que comecei a tomar as aulas com o instrutor, percebi que aquilo seria um pouco mais difícil do que eu havia anteriormente imaginado. Pior do que isso, me surpreendi comigo mesma ao notar que me sentia extremamente mal à medida que cometia alguns erros e era corrigida. O processo de aprendizagem foi muito desgastante e o exame me causou extrema angústia. Em meio a uma ansiedade enorme obtive minha habilitação.

Dirigir um carro já tinha para mim grande significado. Parecia, e ainda parece, que o ato dirigir proporcionava uma sensação boa de liberdade e independência. Pensar assim fazia-me imaginar que eu era um pássaro que, enfim, daria seu primeiro voo sozinho para fora do ninho...

Quando errar não é humano

Com a carta em mãos, logo tive a oportunidade de comprar um carro. Não era lá grande coisa, mas era o meu passaporte para a independência!

Foi uma tarde, lembro-me, a minha primeira vez, aquela que seria uma experiência solene para mim...

Seria, mas não foi... Sentei-me ao volante do carro, dei a partida e, na minha primeira manobra, acertei o portão de casa!

É claro que não foi nada de muito violento. Como posteriormente observei, a lataria do carro sofreu um arranhão tão leve que só percebi muito de perto. Mas o susto foi enorme. Mais do que isso, senti uma enorme decepção comigo mesma. Era, afinal, a primeira vez, que estava saindo com o meu carro. Para completar, meu pai apareceu:

– O que é que você está fazendo? Está querendo arrancar o portão?

Foi um choque. Uma decepção tão grande que me provocou um estado nervoso que eu jamais havia sentido, a ponto de minhas pernas tremerem e meu coração disparar. Nunca passara por uma sensação de derrota tão devastadora. Na autoescola, onde eu já havia, como disse, me sentido mal cada vez em que errava, eu ao menos tinha para mim mesma a desculpa de que estava em uma aula, justamente para aprender... Mas agora era diferente. Eu já estava habilitada, com meu carro, e não podia falhar! Ainda mais daquela forma tão besta, batendo o carro no portão de casa!

Dirigir sem Medo

Ao observarmos a relação de um perfeccionista com o mundo percebemos que seus pensamentos são bastante distorcidos. Ele confunde o fazer o melhor que pode com o fazer o melhor que existe. Suas ideias concentram-se exclusivamente em realizar sempre o máximo ou o perfeito, o que pode, em alguns casos, roubar a capacidade de sentir prazer ou de ver valor em quase tudo o que faz, já que, afinal, ele é um ser humano, obviamente, falível e imperfeito. Ademais, o perfeccionista é, em regra, impaciente, sendo árduo para ele empreender processos gradativos, pois quer sempre o máximo, imediatamente, e é enorme sua dificuldade em lidar com qualquer coisa que tenha que ser feito passo a passo.

No caso de Célia vemos claramente a contradição de seus pensamentos. Se de um lado ela tinha a consciência de que não havia aprendido a dirigir corretamente, pois tal ação implica praticar por algum tempo, de outro lado ela não admitia o erro, pois alguém, há poucos dias, havia lhe "autorizado" a dirigir.

> Mergulhei num processo depressivo após o episódio com o portão. Por incrível que para muitos possa parecer, deixei meu carro, com que tanto tinha sonhado, abandonado na garagem. O tempo ia passando, dias, semanas, meses, e eu não conseguia nem sequer pensar em fazer uma nova tentativa. Sentia-me travada. Bastava pensar em uma nova saída para que a ansiedade já se encarregasse de me fazer rapidamente abandonar o plano.

Quando errar não é humano

Relembrar o episódio do erro é comportamento comum do perfeccionista. Contudo, ele não faz apenas um exame do próprio fracasso a fim de aprender com essa revisão. O que acontece é muito mais doloroso: ele revive cada etapa, sofre com isso, recrimina-se e se pune. Ao invés de encontrar novas saídas para as situações, cria um ambiente de ansiedade que o faz, como todo bom ansioso, afastar-se da situação que o levou ao erro.

Mas não era apenas de tristeza a sensação que me vinha após o ocorrido ou após cada vez que eu desistia de tentar de novo. Um sentimento de decepção rapidamente foi fazendo com que minha autoestima diminuísse. Sentia-me diminuída em relação às outras pessoas. A cada dia que se passava, ia mais e mais me convencendo de que não iria conseguir. Mais tarde foi a vez de meu irmão mais novo tirar carta, e ele o fez com facilidade e confiança. Seu sucesso, ao invés de incentivar-me a de novo tentar, fez-me sentir ainda mais diminuída. Percebi, com o tempo, que a falta de confiança no que eu própria fazia foi se estendendo para outras áreas de minha vida, sobretudo a profissional. Tornei-me uma pessoa para quem qualquer erro passou a ser algo simplesmente inadmissível, e o mais estranho é que eu tenho, como sempre tive, a perfeita consciência de que isso não é racional, já que nada é mais humano do que cometer erros. Ainda assim, eu não podia evitar que isso ocorresse.

A baixa autoestima é uma característica comum das pessoas com padrões perfeccionistas.

Seu referencial do que é bom e certo está em um patamar muito alto, humanamente impossível de atingir, diga-se de passagem, e cada vez que esse padrão não é alcançado há a confirmação de que o esforço tem que ser ainda maior, de que ele ainda está falhando em algum ponto. Conclusão: sua autoimagem negativa aumenta ainda mais.

Pode-se classificar o perfeccionismo, em relação à forma como ele se manifesta, em quatro diferentes tipos: perfeccionismo de desempenho, de aparência, interpessoal e moral.

O perfeccionista pela aparência se atém àquilo que é mostrado ao outro: roupa, maquiagem, corpo perfeito... e esconde o medo de ser julgado desfavoravelmente pelas pessoas que possa vir a encontrar. Os perfeccionistas interpessoais atribuem aos outros comportamentos que eles consideram corretos, tudo deve sempre ser feito à sua maneira. Vê no outro um empecilho para que as coisas saiam certas. Nunca fica satisfeito com o que é feito pelos outros. O perfeccionismo moral é ligado às crenças e regras que o indivíduo adquiriu durante a vida. Este indivíduo segue seu código e nunca aceita argumentos.

Nossa cliente, Célia, apresenta características do perfeccionismo de desempenho. Quando tratamos deste tipo de perfeccionista, lidamos com indivíduos extremamente cuidadosos e detalhistas, que desejam o tempo todo superar suas próprias metas. Há, neste caso, um certo temor da avaliação alheia, devido ao incômodo que ocorre caso ele possa ser visto, pelos outros, como incapaz.

Contudo, em casos como o de Célia, há uma agravante que se manifesta através de um flagrante círculo vicioso. Se, por um lado, sua autoestima estava abalada pela sensação de fracasso, por outro sua vontade de tentar continuava presente. Porém, o medo é um sentimento que faz com que os indivíduos sempre adiem o comportamento a ser realizado, e com Célia não foi diferente. Esta procrastinação fez com que sua autoestima diminuísse ainda mais, tornando novas tentativas cada vez menos prováveis. É uma espécie de bola de neve. Para dar uma noção, observe-se uma frase dita por ela em sua primeira entrevista conosco...

> – Qualquer pessoa que dirija é melhor do que eu! Creio que esta frase dispense qualquer comentário...

Aos poucos, durante nosso trabalho, fomos ouvindo de Célia sua história de vida e observamos que muitas coisas parecem haver contribuído para o seu quadro de perfeccionismo...

> Creio que tive uma infância normal. De fato, lembro-me de ser, quando iança, uma pessoa muito mais tranquila do que sou hoje. Mas, recordo-me bem de que já era insegura na escola. Tinha um medo enorme de tirar notas baixas. Minha mãe era muito exigente nesse sentido. Certa vez, durante o 2º ano primário, eu tive uma nota ruim e minha mãe reagiu ferozmente, jogando longe o meu caderno. Foi uma experiência muito ruim. Chorei demais naquela ocasião... A partir de então, fiz

de tudo para nunca mais ter que passar por aquilo. Eu tinha uma prima que era muito estudiosa, e passamos a estudar juntas habitualmente. Eu chegava a ponto de antecipar-me aos professores nas matérias, estudando para saber antes dos outros. Minha mãe, por toda a minha infância e adolescência, continuou sendo extremamente exigente para comigo, e magoava-me muito o fato de ela não agir do mesmo modo com relação a meu irmão.

Uma das origens do perfeccionismo de Célia pode ter sido a influência da figura materna em sua vida. Não apenas como uma "cobradora" de boas notas, mas como um modelo de mulher. A mãe de Célia não era exigente apenas com a filha. Apresentava, também, padrões perfeccionistas.

Célia consegue, em uma única frase, definir o pensamento de um perfeccionista:

– Ou eu faço bem feito, ou não faço! Acho que sou assim!

Porém, quanto à questão do carro, abrir mão de dirigir era muito doloroso. O significado do ato – sacrificar a liberdade de que ela tanto queria – era difícil. E foi exatamente isso que a fez aceitar que precisava de ajuda profissional para atingir seu sonho.

Mas há ainda outras coisas na história de vida de Célia que parecem relevantes na análise de seu problema...

Quando errar não é humano

Meu pai era um homem humilde. Trabalhou muitos anos como garçom. Quando eu tinha 12 anos, lembro-me, juntando o dinheiro que economizara, ele comprou um carro. Foi uma novidade que me trouxe muita alegria. Eu sonhara com o dia em que meu pai pudesse ter seu carro e levasse toda a família para passear nos fins de semana. Parece que ainda vejo claramente o momento em que ele chegou em casa com o carro! É como se tivesse sido ontem...

Entretanto, as coisas não viriam a acontecer da exata maneira que eu imaginara. Estranhamente, meu pai pouco dirigia o carro. Não o usava para ir trabalhar, apesar de muitas vezes, em função de sua profissão, ter que voltar para casa de madrugada, e raramente nos levava para algum passeio. Nem nos dias de chuva ou nas noites de frio ele o utilizava, e nas poucas vezes em que o fazia, meu pai ficava muito tenso quando estava no volante, sempre intolerante consigo próprio e com todos à sua volta, o que era justamente o oposto do que ele no cotidiano costumava ser, dócil e calmo. Com o tempo fui percebendo que meu pai gostaria muito de sair por aí com seu carro como fazem todas as pessoas, mas tinha dificuldades que tornavam a situação insuportável. Lembro-me claramente de períodos em que o carro ficava meses sem sair da garagem.

Foi interessante, à medida que tivemos a oportunidade de conhecer melhor a história de Célia, perceber o quanto situações que marcaram a sua infância e adolescência foram

Dirigir sem Medo

sendo costuradas em uma trama de experiências que veio a desaguar nos sintomas por ela apresentados. Se, num primeiro instante, a mãe exigente perecia ter sido de grande importância no processo de desenvolvimento sintomatológico de Célia, com o surgimento da história do pai, que no começo do relato parecia uma figura mais neutra, o trabalho toma outros rumos. Célia, a certa altura de nossa entrevista, chegou a afirmar:

> – Parece que ainda posso ver o nervosismo estampado no rosto de meu pai quando ele dirigia aquele carro. Tenho a clara sensação de que ele sentia exatamente o que eu sinto!

Pedi a ela, em seguida, que falasse sobre esses sintomas. Além da parte subjetiva, ou seja, do sofrido processo mental de ficar remoendo por antecipação todas as possibilidades temidas, ela enumerou uma série de sintomas físicos característicos da ansiedade. Na verdade, os sintomas são semelhantes aos que surgem em todos os quadros de transtornos ansiosos: suor, tremor, taquicardia, calor, entorpecimento, tontura, diarreia etc. Cabe aqui lembrar que existem graus de sintomas diferentes. Em determinados quadros eles podem se apresentar de forma muito exagerada, e em outros de forma mais branda.

> A ansiedade me faz suar bastante. Minhas extremidades tremem, meu coração dispara, minha respiração torna-se ofegante e minha boca seca. Sinto-me estranhamente

Quando errar não é humano

inquieta e fica difícil permanecer parada no mesmo lugar. São comuns também as dores de cabeça. Se tenho que enfrentar uma situação na manhã seguinte, é provável que não consiga dormir à noite. Fico imaginando inúmeras coisas ruins que poderiam acontecer durante o trajeto. Tenho problemas de diarreia e diurese. Ainda que eu vá ao banheiro várias vezes antes de sair, basta entrar no carro para novamente sentir necessidade de fazê-lo. Durante os trajetos que enfrento, os sintomas aumentam ou diminuem, dependendo de como as coisas acontecem. Geralmente os imprevistos, quaisquer que sejam, costumam aumentar a ansiedade.

O perfeccionista ou fóbico de desempenho costuma programar minuciosamente, e com o máximo de antecedência, a atividade que é objeto de seu temor. Cada detalhe é antecipado e analisado de todas as maneiras para que nada saia "errado", pois esse futuro carregado de maus presságios se precipita sobre o presente, causando muitas incertezas acerca do que ele faz. Quando se trata de dirigir, este planejamento fica inviável, pois na rua, como se pode facilmente observar, pode ocorrer uma infinidade de situações inesperadas. A necessidade que o perfeccionista tem de estar no controle torna-se, indubitavelmente, bastante ameaçada no trânsito.

De fato, ter de lidar com o inesperado me assusta. A rigor, é o que mais me assusta nisto tudo, mesmo agora que eu dirijo. No dia a dia, sempre acabo fazendo o máximo para que nada me pegue de surpresa em termos

Dirigir sem Medo

de volante. Quando tenho que ir a algum lugar que não conheço, primeiro consulto uma planta da cidade para traçar mentalmente o melhor caminho. Depois de estar segura acerca do caminho é que lanço mão de fazer o enfrentamento da situação, dirigindo meu carro.

Outro dia eu ia pelo caminho que leva do meu trabalho para minha casa, no qual já há algum tempo sinto-me satisfatoriamente segura, fui surpreendida por uma obra na pista que me obrigou a tomar um desvio inesperado. Senti-me muito mal e fiquei a ponto de parar o carro e chamar meu marido. Felizmente, consegui vencer a situação e acabei por descobrir um novo caminho que poderei usar caso esta eventualidade se repita.

Por meio do relato de Célia o leitor pode imaginar o quanto foi difícil para ela expor-se à nossa terapia. Iríamos tocar em aspectos que a fariam observar-se e avaliar-se. Estaria exposta à nossa crítica, à crítica dela mesma e à de outras pessoas que participariam do trânsito, em um ambiente impossível de ser controlado.

Os sintomas da ansiedade apresentaram-se logo na primeira sessão de enfrentamento. O choro e as lamúrias após cada erro eram constantes. Havia ainda a certeza de que ela nunca conseguiria alcançar o objetivo tão esperado.

O objetivo das sessões no carro foi a exposição a um ambiente não controlado. Tal exposição propiciava que a terapeuta confrontasse a realidade com os temores de Célia, fazendo com que ela percebesse suas melhoras. Como consequência deste confronto entre o real e o imaginário havia o

Quando errar não é humano

aumento de sua autoestima. Trabalhamos para fazê-la sentir-se confiante em si mesma e aceitar as falhas que poderiam surgir.

A terapia continuou a contento até a fase das tarefas comportamentais – onde o cliente é colocado para realizar, sozinho, pequenos enfrentamentos em seu próprio carro. Nesta fase o cliente deve realizar o trajeto determinado pelo terapeuta e tem que lhe prestar contas a cada semana. Pode-se imaginar o quanto isto pode se tornar angustiante para o perfeccionista. Já não basta sua própria cobrança, agora será cobrado e avaliado pelo outro. A terapia atingiu um ponto quase insuportável para Célia. Ela não conseguia realizar suas tarefas e, pior do que isso, tinha que dar explicações a respeito do por que não as fazia.

> Pensar em fazer as tarefas dava um desespero enorme. Ficava horas me enganando, dizendo a mim mesma que depois as faria. Era tão triste ver que, ao final de uma semana, já perto da sessão, eu não tinha conseguido dar ao menos uma volta no quarteirão. Minha vergonha e meu constrangimento eram enormes. Encarar minha psicóloga, a pessoa que mais confiava em mim para dirigir, era horrível. Minhas sensações de incapacidade e incompetência aumentavam a cada dia. Estava decepcionando alguém que acreditava em mim, que não se cansava de mostrar que eu era capaz.

Alguns perfeccionistas necessitam da aprovação, aceitação ou admiração de outras pessoas. Sua baixa autoestima faz com que lhes falte um senso interior do próprio valor. Precisam de um outro que afirme e mostre suas conquistas porque eles próprios não veem o lado positivo do que fazem.

Nessa altura, Célia, ainda sufocada por seu medo, recua, novamente, em sua decisão de dirigir. Afastou-se por meses da terapia e, consequentemente, do carro. Entretanto, após um tempo, retomou o tratamento e decidiu participar da Terapia em Grupo.

A Terapia em Grupo foi responsável por um enorme salto. Deu-lhe forças e motivação suficientes para que retomasse as tarefas. Cada vez que ela, por sua visão distorcida, tendia a minimizar suas conquistas, o grupo as festejava como conquistas gigantes. Aos poucos, ela foi, através deste contato, aprendendo a valorizar cada passo e a observar o lado bom de seus comportamentos, ainda que estes, eventualmente, não correspondessem em exatidão ao que fora planejado. Enquanto o grupo fortalecia suas conquistas, nas sessões individuais, no carro, Célia passava a cumprir seus principais objetivos.

Cada fala das minhas amigas do grupo era de grande importância. Fui realizando os percursos rapidamente e logo comecei a utilizar meu carro para ir ao shopping e ao trabalho. A sensação de ir até o shopping sozinha com meu carro era muito prazerosa. Agora eu podia ir tomar um sorvete, passear ou fazer compras. Estava começando a ter a liberdade com que tanto sonhara.

Não posso dizer que tenha sido fácil ir até o trabalho. Para chegar lá preciso pegar ruas de trânsito intenso e veloz. Ainda sinto um friozinho na barriga, mas esse desconforto não me impede mais de enfrentar a situação. Ainda reclamo para minha terapeuta e para o grupo sobre não conseguir expandir os percursos com rapidez e facilidade. Ainda me incomodam os erros que tenho e que, racionalmente, sei que são normais.

O perfeccionista de desempenho tende a se avaliar por aquilo que conquista, realiza ou produz. Compreende-se, assim, a razão pela qual Célia ainda se incomoda com seus próprios passos. Faz-lhe sofrer tudo o que é demorado ou imperfeito. Prazos, ainda que não determinados, incomodam se não são cumpridos. Há uma sede incontrolável de se pular para a próxima etapa. Outra característica é o horror a eventuais riscos, bem como a constante necessidade de se evitar qualquer possibilidade de erro.

É comum, como já dito, que o perfeccionista se torne um procrastinador. É como se houvesse algo que o impedisse de adequar-se às suas limitações naturais. Ele está sempre se propondo a atingir metas impossíveis. Como não consegue realizá-las, deprime-se, pois entrar em contato com algo que seria "malfeito" – para seu padrão de exigência – é muito angustiante.

No caso de Célia, e isto se aplica a qualquer outro cliente nosso, não estamos tentando ensiná-la a não errar nunca enquanto dirige, pois todo o indivíduo tem o sagrado direito de errar, mas sim a perceber que ela tem esse direito. Ressalto aqui que os erros de que falo nada tem a ver com as imprudências que acontecem no trânsito, mas sim com "erros

Dirigir sem Medo

técnicos" que podem ocorrer, tais como: deixar o carro desligar ou deixar o carro torto ao estacionar.

É claro, devo observar, que podemos e devemos ter metas em nossas vidas. Na verdade, estaríamos perdidos se não as tivéssemos, ao menos em linhas gerais. O problema acontece quando nos propomos metas inexequíveis, dentro de um padrão pouco razoável, ou imaginamos que jamais teremos nenhum tropeço ou cometeremos nenhum erro em nossa jornada. E, pior ainda, quando ocorre à medida que vinculamos este modelo de perfeição à opinião alheia.

Hoje, para Célia, dirigir já não é tão sofrido. É claro que ela ainda tenta controlar o meio ambiente, mas já suporta alguns percursos, pois percebe a utilidade do carro em suas mãos. Mais do que isso, consegue provar para si mesma e para o mundo que pode dirigir.

> Tenho plena consciência de que meu medo e o temor da crítica alheia ainda existem e são racionalmente injustificáveis. Não posso simplesmente passar por cima de minha própria natureza. Estou convicta, porém, de que jamais abandonarei esta batalha, sinto-me bastante encorajada a prosseguir porque tenho progredido gradativamente. Fiquei muito tempo sem ter carro, já que acreditava que jamais voltaria a me sentar diante de um volante. Agora, aqui estou eu, com meu carro e já dirigindo. Estou certa de que, aos poucos, aprenderei a lidar com as dificuldades. Já não preciso mais de um terapeuta para me dizer que sou capaz. Acredito nisso!

Quando errar não é humano

Uma das coisas que é preciso ter em mente é que dirigir é uma atividade motora e seu aprendizado necessita, por natureza, de tempo e treino. Aquele que não dirige por não suportar que seu carro desligue ou que outra pessoa o critique, ou mesmo o insulte, precisa, necessariamente, interiorizar o fato de que ninguém pode fazer algo bem sem antes o ter feito mal. Uma criança não pode andar se antes não tiver caído muito.

Para tentar sozinho aceite, em primeiro lugar, o fato de que os erros irão surgir. Se sua aprendizagem foi falha, procure alguém que possa rever as técnicas básicas de volante com você – e aceite as correções!!! Depois, estabeleça pequenos percursos, aumentando-os quando se sentir seguro.

Focalize o lado bom de cada atitude. Você perceberá que sua autoestima aumentará a cada dia e que dirigir se tornará mais fácil.

Vale lembrar apenas alguns detalhes:

Não adianta pular etapas! Não adianta ter pressa! Não vale a pena se preocupar em demasia com o mundo! Não adianta se autocriticar acirradamente! Dê tempo ao tempo...

CAPÍTULO 4

Cicatrizes da infância

A exemplo do que se passou com Célia, Emília, paciente de quem agora falarei, é outra motorista que se tornou legalmente habilitada sem que tivesse o mínimo preparo para tanto. É comum, infelizmente, depararmo-nos em nosso cotidiano com a falta de seriedade que aflige este país em tantas áreas. No caso dos exames para habilitação esta situação parece não ser diferente...

Mas deixando isso de lado, o fato é que Emília procurou-nos relatando uma história de alguém que já possuía carta havia dez anos, e que, por medo, nunca se sentira capaz de sentar ao volante de um carro.

> Eu queria muito ter meu carro e dirigir por aí. Por um lado, eu achava chique e bonito uma mulher dirigindo. Por outro lado, seria algo que certamente facilitaria

Dirigir sem Medo

muito a minha vida, principalmente no que se refere aos meus filhos. Em cidade grande a gente está sempre para lá e para cá, ainda mais com criança, e no fim acabava sobrando tudo para o meu marido.

Entretanto, eu tinha muito medo. Muito medo mesmo. Eu não conseguia entender bem o porquê, e muito menos tentar explicar este porquê para os outros, mas o fato é que andar de carro me apavorava. Mesmo quando eu saía com outra pessoa dirigindo, quase sempre meu marido, sentia-me apreensiva e assustada. Quando viajávamos, eu chegava ao destino dura de tanta tensão. Estava o tempo todo achando que iríamos bater, via coisas onde não havia nada, e ia no banco do carona apertando os pés contra o chão como se eu pudesse brecar o automóvel. Além disso, muitas vezes eu chegava a assustar as outras pessoas que eventualmente estivessem no carro. Bastava eu ver um veículo na outra pista para gritar:

– Nossa Senhora! Cuidado! Pelo amor de Deus! E no fim o outro carro passava longe de nós...

Meu marido, mesmo ciente do medo que eu tinha, sabia que eu gostaria muito de poder dirigir, e acreditava, até com o intuito de me incentivar, que eu chegaria a fazê--lo, tanto que, assim que teve condições, presenteou-me com um automóvel.

Mas não adiantou. O carro ficou parado lá em casa. O medo que havia em mim era forte demais. Com o tempo, meu marido até achou melhor trocar o carro que

Cicatrizes da infância

havia me dado e comprar outro mais barato, já que ia ficar parado quase o tempo todo mesmo... Noutra vez, provavelmente num momento de euforia, fez o contrário: Vendeu o carro velho e deu-me um zero. Tentando encorajar-me, ele disse...

– Se vira! Se você não dirigir este, será o último presente chamado carro que te dou!

E eu, com a cabeça girando de tanta contradição, só conseguia pensar... "E agora? O que é que eu faço?"

Comecei a conversar com Emília para que pudéssemos, juntas, buscar o que estaria por trás daquela sua história. O que teria havido para que ela sentisse tanto medo com relação ao carro?

Ouvi uma história triste, mas nem por isso carente de muita beleza.

Nasci numa fazenda no interior. Meus primeiros anos de vida foram na roça. Éramos muito pobres, mas foi uma infância, pelo menos naquela primeira parte, bastante feliz. Meu pai trabalhava para o dono da fazenda, lidava com o gado, com a plantação etc. Minha mãe cuidava da casa e dos filhos. Somos cinco irmãos, dois homens e três mulheres, sendo que, pela idade, sou a segunda. Lembro-me de meu pai ser um homem extremamente carinhoso. Minha mãe era quieta, mas era também muito boa para conosco.

Quanto ao sustento, comíamos o que plantávamos e criávamos. À noite, depois do jantar, costumávamos nos reunir para conversar. As luzes eram de vela, pois não havia energia elétrica. Minha mãe servia os biscoitos que fazia e meu pai tocava violão, e todos cantávamos. Depois íamos dormir.

Emília não frequentou a escola durante sua infância. Um outro detalhe, que depois seria de enorme importância no desenrolar de sua história de vida, foi o fato de ela ser filha de uma mulher branca e de um homem negro, sendo que Emília e um de seus irmãos nasceram negros, um é mulato e duas irmãs são brancas.

Quando eu tinha sete anos, meus pais acharam que devíamos nos mudar para a cidade. As coisas estavam um pouco difíceis para meu pai, e na cidade meus irmãos e eu podíamos arrumar algum serviço e ajudar em casa. Fui trabalhar na casa de uma mulher. Era uma boa patroa. Eu lavava louça e passava o escovão pelo chão da casa, além de varrer o enorme quintal que lá havia. Com o tempo, observei que muita comida que tinha lá acabava sendo jogada fora. Um dia pedi à minha patroa que me deixasse levar aquelas sobras para a minha casa. Tendo o consentimento, eu o fiz, o que deixou minha mãe extremamente feliz. Naqueles tempos de dificuldade, algo que podia ser pouco para alguém era muito para nós.

Cicatrizes da infância

Talvez o leitor possa imaginar que haja algum erro de impressão nas linhas que ele acaba de ler. Mas não. De fato, por incrível que possa parecer, Emília começou a trabalhar com a idade de sete anos, fato que hoje, infelizmente, é muito comum em nosso país.

Morávamos em uma casa de adubo, muito pior do que a que tínhamos na fazenda. Mas o pior de tudo foi que meu pai encontrou dificuldades em arranjar trabalho. Com o passar do tempo ele percebeu que a fazenda, ainda que houvesse tempos ruins, era melhor para ele trabalhar, já que tinha bastante experiência naquele tipo de lida. Assim, ainda que continuássemos morando na cidade, meu pai houve por bem procurar trabalho pelas fazendas da região, e acabou conseguindo. A partir de então, meu pai ia para a roça trabalhar e ficava um bom tempo longe de casa... Até que minha mãe, que ficava agora muito sozinha conosco, acabou "se engraçando" com um outro homem. Foi quando minha família começou a se desestruturar.

O que mais me assustava naquela situação era o medo que passei a constantemente sentir de que meu pai algum dia aparecesse de repente e surpreendesse os dois. O amante de minha mãe era um sujeito mais novo do que ela e tinha fama na cidade de ser extremamente agressivo. Se meu pai os pegasse ali, ainda que ele não fosse assim como o outro, decerto haveria uma enorme confusão. Meu medo era tanto que, nos momentos em que aquele homem estava em nossa casa, eu costumava

Dirigir sem Medo

ficar num canto, meio que vigiando uma possível aparição de meu pai, e rezando aos céus para que isso não ocorresse.

Ao relatar essa passagem, Emília chegou a dizer literalmente que aquela foi a primeira vez em sua vida em que ela realmente sentiu medo. O medo, como qualquer outra emoção humana, é aprendido. É uma sensação que precede alterações corporais bem marcantes: suor, taquicardia, desconforto abdominal etc. Quando essas reações físicas se apresentam de forma intensa o indivíduo é levado a uma situação extremamente insuportável, sendo pressentida como se algo de muito ruim fosse lhe acontecer. Emília, pela primeira vez, sentia tudo isso. É importante colocar aqui que estas sensações apareceram em decorrência de uma situação real: o pai chegar e flagrar a mãe com outro.

No entanto, o medo patológico se expressa a partir de situações irracionais e é exatamente sobre isso que voltaremos a falar mais adiante.

O tempo foi passando e aquela situação foi se intensificando. Cada vez mais minha mãe passava seu tempo com o seu amante, e cada vez menos cuidava dos filhos e da casa. A certa altura, toda a cidade, creio, devia saber do caso de minha mãe, menos meu pai.

Foi quando uma tia minha decidiu, solidária a meu pai, inteirá-lo do que se passava. Sei que ele então fingiu que ia viajar e permaneceu na cidade, aparecendo em casa de supetão e flagrando minha mãe com seu amante.

Cicatrizes da infância

Aquela foi outra cena de que jamais me esquecerei. Assim que vi meu pai chegar, meu coração quase que saltou pela boca. Em poucos segundos começou uma intensa gritaria. O amante de minha mãe era de fato um sujeito topetudo e, ainda que estivesse "errado" na situação, dispôs-se a enfrentar meu pai. Provavelmente aquilo perdurou por alguns minutos, mas tenho para mim que foram horas, e as consequências somente não foram mais drásticas graças à súbita aparição dos vizinhos, que certamente ouviram toda aquela gritaria.

Como disse anteriormente a respeito de medo aprendido, relatarei agora mais um episódio que nos mostra a origem de seus problemas e que têm relação com os sintomas de medo que ela apresentava quando nos procurou...

Minha mãe, após certo tempo, decidiu "juntar-se" com seu amante e abandonou meu pai definitivamente. Disse-nos que sairia de casa e que levaria para viver com ela e seu companheiro apenas minhas duas irmãs mais novas.

– Mas por que só elas, minha mãe? – Perguntei-lhe, aturdida.

– É que elas são brancas. Com o tempo, poderão passar por filhas do meu novo marido. Você e seus irmãos são negros, e isso ele não quer!

Assim, minha mãe deixou nossa casa levando apenas minhas duas irmãs, e deixando para trás meus dois

Dirigir sem Medo

irmãos homens e eu, por causa de nossa cor. Estava claro que aquilo havia sido uma imposição de seu amante, mas me doía demais pensar que ela havia concordado.

Mesmo para alguém que tenha já alguns anos de prática na área da psicologia e que esteja acostumada a ouvir relatos dramáticos, é difícil não se comover com a história de Emília. Fico a imaginar a dor que ela deve ter sentido ao ser, com apenas oito anos de idade, abandonada pela própria mãe, a quem, mesmo com todos os seus possíveis defeitos, ela tanto amava, justamente por causa de sua cor. Esse é o tipo de fato que pode causar, como causou, uma verdadeira devastação na estrutura psicológica de uma criança, sobretudo no que se refere à sua autoestima.

A baixa autoestima é aqui, como em outros quadros de ansiedade, uma das características presentes. Sentimentos de abandono e rejeição levam, automaticamente, o ser humano a sentir-se inseguro.

Meu pai encontrava-se fora, a trabalho, quando minha mãe nos deixou, levando minhas irmãs. Quando ele voltou para casa e tomou conhecimento de tudo, já se contavam dias que ela havia ido. Agora foi a vez de ele, e nem podia ser diferente, entrar em uma depressão profunda, não apenas pelo fato de ela o haver deixado, mas também, e principalmente, em razão do que ela havia feito em relação aos filhos, deixando os de pele escura para trás.

Cicatrizes da infância

Se muitas pessoas negras enfrentam problemas oriundos do racismo que odiosa e hipocritamente tanto existe entre nós, no caso de Emília isto se tornou algo ainda mais delicado. Não é comum alguém sofrer racismo dentro de sua própria família. Durante muito tempo em sua vida, Emília acreditou que todas as dificuldades por que passava eram devidas à sua cor.

Apenas como efeito de ilustração gostaria de expor ao leitor outras experiências clínicas que tive em relação ao preconceito racial. Por mais de uma vez, em contato com clientes negros, ouvi de suas bocas, a mesma história: fui criado com a regra de que "já que sou negro(a) devo ser o melhor em todo resto que fizer".

É muito triste para mim escrever sobre isso, mas garanto que foi muito mais doloroso ouvir a respeito. O preconceito humano atinge patamares inimagináveis. O medo de não ser aceito socialmente, por conta da cor da pele, faz com que alguns indivíduos se submetam a autocríticas muito grandes e busquem um padrão de perfeição acima do que seria normal.

Com Emília, a situação foi diferente...

As semanas passavam, os meses passavam, e a depressão de meu pai não diminuía. Na verdade, tampouco a minha... Até que um tio meu, que vivia em São Paulo havia alguns anos, tendo sabido do acontecido, apareceu para nos visitar, e sugeriu que viéssemos viver em São Paulo, onde ele até já tinha um pequeno cômodo que por algum tempo poderia ficar à nossa disposição...

Meu pai aceitou de pronto aquela sugestão. Pegamos um ônibus até uma cidade maior, de onde seguiríamos de trem para São Paulo. Nossa bagagem era pouca. Não tínhamos muito o que levar, além de nossa própria história. Não sei por que, o ônibus me assustou demais. Eu nunca havia entrado em um. Pode parecer estranho, mas eu não sentia medo da viagem, do desconhecido, mas morri de medo de andar naquele ônibus. Sentia-me fechada, presa ali dentro. Lembro-me bem daqueles momentos, foram horríveis, tensos, angustiantes... Assim que chegamos a São Paulo fiquei abismada com os prédios. Eu nunca havia visto aquilo. Fiquei apavorada. Achava que eles iam desabar sobre nós. Além disso, senti também um imenso pavor de atravessar aquelas ruas e avenidas. Cheguei a chorar, lembro-me, enquanto meu pai me puxava pela mão. Devo dizer que esse medo de atravessar ruas, principalmente as de maior movimento, perdurou por anos em minha vida.

Como já coloquei, o medo que Emília sentia de que seu pai aparecesse e flagrasse sua mãe era bastante fundamentado, tanto que o que ela temia de fato se verificou algum tempo depois. Agora, após a separação da mãe e a vinda para São Paulo, pela primeira vez ela fala em medos "irracionais". É claro que não devemos esquecer o impacto que uma cidade como São Paulo pode causar em alguém que vem praticamente do meio do mato. Contudo, como Emília mesmo diz, o medo de atravessar ruas movimentadas perduraria por

Cicatrizes da infância

anos, sugerindo já um quadro fóbico. Um quadro fóbico que ali nascia e que mais tarde estenderia os seus tentáculos...

Já no terceiro dia em São Paulo, comecei a trabalhar. Minha tia arrumou serviço para mim na casa de uma família. Foi um tempo de que nem gosto de me lembrar... Como odiei aquela minha patroa! Se a encontrasse hoje, creio que a jogaria pela janela!... Ela foi de fato muito má para comigo.

Apesar dos meus nove anos, eu era obrigada a trabalhar sem parar. A mulher ficava o tempo todo atrás de mim, cobrando, gritando e ordenando. Quando fazíamos compras, eu tinha que carregar tudo, muitas vezes um peso enorme para o meu tamanho.

Minhas refeições eram as sobras das da família. Além disso, tudo o que devia usar era separado. Prato, copo, talheres, guardanapo, tudo.

Quando aquela mulher gritava comigo, chegando muitas vezes a me bater, ela sequer permitia que eu tentasse balbuciar qualquer palavra. Simplesmente não deixava. Aliás, eu praticamente não abria a boca. Fui ficando cada vez mais tímida. Quando ia comprar pão, gaguejava para dizer quantos pães queria, e acabava sendo obrigada a fazer o número com os dedos.

Mas por dentro eu sentia um enorme desespero. Não conseguia entender por que aquela mulher brigava tanto comigo, judiava tanto de mim, e creio que muitas vezes nem conseguia entender o que eu estava fazendo ali.

Nessas vezes, acho que como um extravasamento ou o que fosse, restava-me entrar no banheiro e cobrir meu rosto com uma toalha que abafava o meu choro e a minha voz, enquanto eu gritava desesperada pela minha mãe.

Uma vez a cada mês tinha folga do trabalho. Meu pai ia me buscar no sábado e me deixava no serviço no começo da noite de domingo. A cada minuto que se aproximava da tarde de domingo meu desespero aumentava. Não queria voltar para aquela casa. Meu pai se desesperava ao me ver transtornada com aquela situação, mas me pedia para aguentar um pouco mais até que ele pudesse me tirar dali.

Mas eu não aguentaria por mais muito tempo... Após ser novamente humilhada, eu, simplesmente, saí pela porta daquele apartamento para nunca mais voltar. Fui embora apenas com a roupa do corpo. Até hoje não sei dizer como foi que cheguei à casa de minha tia. Além de não conhecer o caminho, aquelas ruas me assustavam, oprimiam, apavoravam. Creio que aquele foi um desses momentos na vida da gente em que nada mais justifica deixar de dar o passo seguinte.

Emília contou que teve muitos outros empregos, a grande maioria como doméstica. Com o passar do tempo, tornou-se uma cozinheira de mão cheia e encontrou famílias que muito a respeitaram.

Cicatrizes da infância

Com o tempo meu pai se engraçou com uma mulher, e decidiu voltar para a Bahia levando-a consigo. Ele se foi e, logo em seguida, meus dois irmãos e eu também nos separamos.

E então eu fiquei sozinha nessa cidade enorme. Meu trabalho garantia moradia e sustento. Com o tempo, consegui estudar em um programa de alfabetização que havia na época. Mais tarde cheguei até a concluir o ginásio. Mas dentro de mim havia a sensação de que as pessoas não gostavam de mim, ou de alguma maneira implicavam comigo.

Passado algum tempo cheguei a reencontrar meu pai e minha mãe. O abandono que havia sofrido ainda era algo muito forte para mim. Eu sentia um vazio tão grande dentro de mim que sequer tenho como o descrever. Comecei a utilizar calmantes. Já havia lançado mão de produtos naturais desde a época em que deixei a casa daquela primeira família. Agora, contudo, eram calmantes químicos mesmo. Mas não tive sucesso. Aos dezoito anos, a depressão total levou-me a tentar o suicídio. Comecei a ser tratada por psiquiatras e cheguei a ficar internada por um bom tempo em uma clínica psiquiátrica, onde me davam remédios fortíssimos e o que eu mais fazia era dormir o tempo todo.

Emília foi, como se viu, gradativamente entrando em um quadro depressivo quase crônico naquela fase de puberdade. Mesmo com o progresso que fizera em termos profissionais e até no que tange aos estudos, ela sentia, segundo disse,

Dirigir sem Medo

uma solidão que crescia e a devastava por dentro. Ademais, a sensação que ela tinha de ser discriminada foi aos poucos se transformando em uma verdadeira mania de perseguição, fazendo-a desconfiar até das pessoas que a tratavam com respeito e consideração.

Emília ficou internada em um ambiente absolutamente inadequado para alguém com seu problema. Em vez de ser tratada como uma paciente deprimida, foi praticamente esquecida em meio a outros internos vitimados por problemas psiquiátricos muito mais sérios ou complexos. Curiosamente, numa manobra engenhosa do destino, ela foi praticamente "salva" daquele lugar por uma médica que, tendo-lhe aplicado uma atividade lúdica através da pintura, percebeu pelo seu desempenho que seu caso não era para aquilo. Em palavras mais ásperas, percebeu que ela não era uma "louca"!

Aos 23 anos ocorreu o fato que mudaria enfim o rumo de minha vida para melhor: conheci Antônio, meu marido. Fomos, aos poucos, nos conhecendo e logo vi tratar-se de uma pessoa maravilhosa... Tanto que, no começo, eu tinha até dificuldade em acreditar que ele de fato gostasse de mim, e nisso fiquei por um bom tempo.

Casamo-nos. Àquela altura, eu já não me sentia deprimida, mas tinha simplesmente medo de tudo. Medo de sair na rua, medo de altura, medo de que Antônio morresse, medo de que ele me deixasse por eu ser uma pessoa problemática etc.

80

Cicatrizes da infância

Mas Antônio foi realmente uma bênção em minha vida. Carinhoso e paciente, sempre esteve pronto a me apoiar e incentivar no enfrentamento de meus temores. Inúmeras situações aconteceram nesses anos em que temos estado juntos; eu jamais teria superado aquele pânico que sentia em meu peito não fosse a ajuda de meu marido.

Em várias oportunidades, eu tinha verdadeiras crises que se manifestavam como se meu corpo estivesse passando por um verdadeiro temporal. Eu tremia, suava, não conseguia falar, apenas gaguejar, minha boca secava e meu coração parecia que ia saltar pela boca de tanto bater. Era como se eu estivesse literalmente tendo um ataque do coração. Por várias vezes fui parar no hospital por causa daquelas crises, mas sempre que lá chegava nada era detectado, deixando-me, ainda por cima, com "cara de boba". Antônio, que, repito, sempre tivera uma paciência inesgotável para comigo, providenciou para que eu fizesse exames e mais exames para ver se eu descobria o que afinal havia comigo. Mas, nada. Nunca deu em nada. Ademais, eu ia me tornando uma pessoa cada vez mais medrosa. A cada vez que eu tinha uma crise daquelas, em alguma determinada situação, ela se tornava objeto de temor de então em diante. Cheguei quase ao ponto em que sair de casa já era motivo de ansiedade. Dentre todos os meus medos lá estava, também, o de dirigir, e era resolvendo este último que eu enxergava possibilidades de melhorar os outros.

> Não fosse a harmonia que, apesar de tudo, havia em meu casamento, eu não sei o que teria sido de mim naquela fase. Uma fase que durou ainda anos de minha vida...

Curiosamente, nesta fase de sua vida, depois que se casou, Emília narra sintomas característicos da síndrome do pânico, como vimos na história de Elaine. Pelo que soubemos, ela chegou até a lançar mão de antidepressivos naquela altura, sem, entretanto, lograr qualquer sucesso satisfatório. Não houve, porém, um diagnóstico definido para seu problema e, consequentemente, um tratamento adequado, o que fez seus sintomas se arrastarem por mais algum tempo.

> Vieram nossos filhos e a felicidade que eu já tanto tinha ao lado de Antônio aumentou mais ainda. Aos poucos, minha vida até que parecia querer entrar nos eixos, como se tudo aquilo por que eu passara tivesse tido algum propósito do destino. Mas eu ainda estava longe de ser uma pessoa normal e alegre. Eu ainda tinha medo, muito medo. E agora eu tinha dois filhos para criar. Não podia deixar que todo aquele pavor me atrapalhasse. Mas eu não sabia como...

É comum para os portadores de transtorno de pânico a generalização das situações que provocam medo. As sensações físicas passam a surgir em diversas situações e de diversas formas. Aparece o medo de tudo e de todos...

Cicatrizes da infância

Certa noite eu assistia televisão em minha casa quando te vi em um programa de entrevistas. Senti uma empatia imediata e fiquei fascinada pela sua proposta de trabalho, bem como pelo fato de perceber que, mesmo ainda de longe, você entendia o meu problema.

Emília mostrou-se desde o início uma das pacientes mais determinadas que já tivemos. Não sabia, mesmo tendo carta há tanto tempo, nada sobre um carro, sequer como dar a partida. Mas era extremamente paciente e dedicada. Jamais faltou ou adiou uma sessão, ainda que na época estivesse morando longe, o que lhe impunha um trajeto maior até a Clínica Escola. Seu progresso era gradual e se fazia presente a cada sessão terapêutica.

Na verdade, creio que Emília obteve alguns ganhos secundários a partir do trabalho que fez conosco. Foi aceita em nossa clínica da forma como era, sem ser avaliada ou criticada. Foi vista como um ser humano que tinha um comprometimento com o medo – e nem poderia ser diferente. Com isso, encontrou um lugar onde poderia ser ela mesma, sem se preocupar com a avaliação dos outros. Para Emília, o simples fato de vir até nós já era motivo de festa. Para nós, que estávamos de outro lado, era um prazer recebê-la.

Encaminhamos Emília para o processo de Terapia em Grupo. Lá ela pôde exercitar toda sua simpatia, e dividir com suas companheiras de grupo suas histórias. Nosso trabalho ajudou-lhe, como era esperado por ela, a enfrentar várias situações que eram difíceis, além do carro.

Dirigir sem Medo

No decorrer de sua terapia, sua autoestima começava a aumentar. Os enfrentamentos realizados ao lado da psicóloga lhe forneciam força suficiente para, em casa, realizar suas tarefas comportamentais. E assim foi feito, passo a passo...

> Até que veio aquela manhã... Tudo aconteceu muito rápido. Eu estava no carro com Antônio, ele dirigindo, quando, subitamente, ele começou a passar mal. Suava, tremia, respirava mal...
>
> – Emília! Estou tendo um infarto! Passe para a direção e me leve para um hospital! Rápido!!!
>
> Eu simplesmente congelei e fiz. De uma maneira muito melhor do que eu própria podia supor. Podia agora entender todas as vezes que ouvi de minha terapeuta que eu era capaz de dirigir e que estava bem para fazê-lo.

E veio mais uma mudança. Em virtude de razões profissionais de Antônio, Emília viu-se obrigada a mudar para o sul. Ou eles iriam e Antônio garantiria um bom salário, ou ele ficaria desempregado. Não havia opção. Eles tinham que ir.

Houve com isso uma tristeza por ter que deixar a terapia mais rápido do que imaginara. Restavam três meses até a mudança e decidimos fazer um tratamento intensivo, com sessões diárias. Tivemos, ela e nós, sucesso e lhe demos alta.

> Depois de algum tempo, Antônio precisou enfrentar uma cirurgia, devido ao problema que havia então pela primeira vez se manifestado, o que me obrigou, durante

Cicatrizes da infância

sua convalescença, a enfrentar outros medos. Hoje falo de boca cheia que consegui com sucesso e até relativa serenidade. Posso dizer que hoje estou curada de meus medos. É claro que às vezes sinto-me um pouco ansiosa em uma ou outra situação... Mas aprendi a lidar e enfrentar esta ansiedade. Às vezes, até converso com meu carro...

Emília é uma dessas pacientes que nos enche de orgulho pelo trabalho que temos realizado. Venceu uma dificuldade muito grande. Rompeu também as barreiras que lhe foram impostas pela educação deficiente e tardia, que a faziam até gaguejar com medo do julgamento alheio, sendo hoje professora primária.

Foi através do carro que consegui vencer muita coisa. Antônio costuma dizer: "Sempre te amei, mas hoje você está muito melhor!"

CAPÍTULO 5

Quando um diagnóstico muda uma vida

Nas histórias que vimos até aqui pudemos observar de maneira relativamente clara a ligação entre as experiências passadas relatadas por cada paciente e as consequências que as mesmas acarretaram do ponto de vista psicológico, gerando, para cada um de um modo diferente, o sintoma contra o qual, ou em relação ao qual trabalhamos, que é o medo de dirigir.

Há casos, porém, e isso é o que torna, acredito, a psicologia uma ciência ainda mais fascinante, em que não se consegue, ao menos em curto ou médio prazo, estabelecer o elo de ligação entre os fatos pretéritos e o problema presente suposta ou provavelmente dos mesmos oriundos. No caso de Raquel, abordado doravante neste capítulo, temos uma fobia de direção absolutamente específica, que se manifestou após uma fase terrível que ela enfrentou em sua vida, na qual, entretanto, nada daquilo por que ela passou teve a ver com o ato de dirigir ou com o objeto carro propriamente dito. Provavelmente muitas coisas seriam descobertas acerca da história de Raquel caso ela estivesse em processo de terapia. Em nosso trabalho respeitamos as peculiaridades de cada caso, mas nossa meta é a superação do problema que se apresenta no campo prático da vida do paciente, buscamos capacitá-lo, não apenas tecnicamente, mas também, e principalmente, do ponto de vista de sua saúde emocional e psicológica, a dirigir um veículo.

> Tenho 40 anos. Sou casada e tenho um filho, hoje com um ano e meio de idade. De fato, após ter passado por uma fase extremamente dura e amarga em minha vida, quando eu praticamente renasci, enfrentei este problema de sentir medo de dirigir. Aliás, medo não. Pânico! Pavor! Fobia! E não apenas de dirigir, mas de andar de carro. Simplesmente andar de carro, não importando quem estivesse dirigindo... Hoje, após os cinco meses de trabalho que fiz junto à Clínica Escola, isso também já faz parte de meu passado. Sinto-me, contudo, feliz em saber que este meu depoimento poderá ser útil para outras pessoas que eventualmente estejam passando pelo mesmo problema. Às vezes acontecem situações difíceis em nossas vidas e imaginamos que somos os únicos que as enfrentamos. Quando, porém, buscamos

Quando um diagnóstico muda uma vida

ajuda nos lugares certos acabamos por nos surpreender ao descobrirmos que não estamos sozinhos.

Era o ano de 1989. Tudo ia bem em minha vida. Tendo me formado algum tempo antes na área da psicologia, tinha um ótimo emprego em uma empresa pública, na qual atuava na área de Recursos Humanos. Era um emprego estável e com um bom nível de remuneração. Além disso, estava noiva, muito bem em meu relacionamento, e pensando já em casamento para um futuro então próximo. Creio, enfim, poder dizer que eu levava àquela altura uma vida normal, e que me fazia muito feliz.

Mas o destino tinha outros planos para mim... Motivada por algumas dores que surgiram na região do peito, que aparentemente nada tinham de muito sério, procurei um médico para fazer alguns exames. Eu imaginava que pudesse ser uma vértebra que estivesse deslocada, ou talvez alguma coisa que, fora do lugar, pinçasse um nervo, ou alguma outra bobagem assim...

Para minha surpresa, o médico, após os exames mais preliminares, pediu-me que fizesse alguns outros um pouco mais apurados. Até então eu ainda não estava preocupada. Alguns dias depois da primeira consulta, ele chamou-me em seu consultório...

Adentrei a sala e senti no semblante daquele médico que havia alguma coisa errada. Três segundos de diálogo foram o bastante para que eu percebesse que ele tentava de alguma forma selecionar as melhores palavras

Dirigir sem Medo

para me dar alguma notícia ruim. Nem sei dizer o que exatamente me passou pela cabeça naquele exato instante... Talvez algo como "Mas o que pode ser...? Eu sou tão jovem!" Finalmente, mesmo porque os eufemismos são enfim inúteis e irrelevantes nestas horas, ouvi aquele diagnóstico...

– Infelizmente foi detectado que você tem um tumor maligno no músculo no peito. E isso é muito grave!

Foi como um baque. Não sei se um soco na cara, ou uma paulada na cabeça... Naquele instante, do qual jamais me esquecerei, pareceu-me que a vida fora até então um chão seguro e agora alguém tinha puxado o meu tapete...

– Quer dizer... Que isso pode me matar?

Sem abrir a boca, o médico assentiu com a cabeça.

– Quanto tempo tenho? – Perguntei, já com o corpo tremendo de desespero...

– Vamos tentar de tudo... Uma quimioterapia pode ajudar bastante. Quase gritei:

– Quanto tempo?

– Meses...

– Quantos meses?   ·

– É difícil dizer assim... Seis... Talvez oito... Vamos fazer de tudo...

Quando um diagnóstico muda uma vida

Eu quisera que houvesse palavras capazes de expressar a angústia que senti naquele instante. Creio que teria sido menos ruim se eu tivesse sido subitamente fuzilada... Mas não. Aquele diagnóstico foi mais cruel. Não era apenas uma sentença de morte, mas a sentença de uma morte certamente precedida de uma longa e sofrida agonia, tanto física quanto psicológica...

Creio ser absolutamente dispensável qualquer comentário sobre uma situação como essa, mesmo porque, quem seria eu para fazê-lo?! Por mais preparado que possa ser um estudioso da psicologia, ou mesmo por mais experiente que alguém possa ser nesta ciência tão complexa que é a vida, certamente ninguém sabe como é que alguém se sente ao receber um diagnóstico assim, sobretudo no caso de uma pessoa tão jovem, senão ela própria.

Nem creio que caiba aqui me alongar acerca do que passei a partir dali... Resumidamente, contudo, lembro-me de ter tido, num primeiro momento, uma reação que imagino ser comum a todos os que passam por esse tipo de situação, que foi de ficar me perguntando o tempo todo... "Por que eu? Por que comigo?"

Num segundo momento, entrei em depressão total. Mesmo que eu ainda não apresentasse sintomas que me deixassem prostrada, minha mente desde logo se encarregou de fazê-lo. Cheguei a assumir, durante algum tempo, a irreversibilidade da minha morte. A quimioterapia já havia sido iniciada, e ainda eram incertas tanto a sua eficácia quanto as suas eventuais consequências para meu organismo. Era decerto a minha única e pequena chance, mas nem eu própria, naquele momento, acreditava nela.

Raquel contou-me que estava tão abatida e desanimada, tão certa de sua desgraça, que tomou, juntamente com seu noivo, a decisão de casar-se naquela fase, apenas para não vir a morrer solteira. Devido à quimioterapia, o casamento deu-se quando ela não tinha sequer um fio de cabelo sobre sua cabeça.

> Mas é incrível como as coisas mudam nesta vida! Apesar da severidade do quadro que fora diagnosticado, o tratamento quimioterápico, para surpresa até do médico que me tratava, foi se mostrando extremamente eficaz. Mais do que isso, passada aquela primeira fase de assimilação do golpe que havia levado, comecei enfim a acreditar que eu podia superar aquilo tudo, e percebi que uma atitude mental positiva seria de suma importância para tanto.

> Não sei se vou conseguir explicar bem o que pensei àquela altura... Eu meio que tentei fazer comigo mesma algo que talvez soe estranho ou mesmo impossível de ser feito... Eu praticamente separei minha cabeça de meu corpo! Eu tinha um corpo que estava doente, mas tinha que manter a cabeça sadia. Só assim é que esta poderia ajudar aquele.

> E, com a ajuda dos céus, eu consegui! A minha loucura deu certo! Após aqueles cinco longos anos de tratamento em que fiz de tudo para aliar à ciência a minha

Quando um diagnóstico muda uma vida

atitude, um milagre se operou em minha vida. Era o ano de 1994, quando, naquele mesmo consultório, aquele mesmo médico me disse:

– O tratamento teve um sucesso absoluto! Você está curada! Não há mais nenhum resquício do tumor em seu organismo!

Lembro-me de que, desde o começo, era tudo muito estranho... A quimioterapia havia chegado ao fim e, tirante o problema da menopausa e da fadiga crônica – que me restaram enquanto efeitos colaterais do tratamento –, eu estava muito feliz por retomar a minha vida. Eu havia simplesmente nascido de novo, o que era uma sensação maravilhosa!

É lógico que, durante a maior parte do tratamento por que passei, ou seja, anos, fiquei sem dirigir. Contudo, eu até então sempre o fizera de modo absolutamente normal, sem qualquer tipo de dificuldade ou, muito menos, temor. Quando estava enfim liberada da quimioterapia e pronta para retomar a minha vida, jamais imaginei que pudesse ter qualquer problema relativo a tanto.

Mas enganei-me. Para, repito, minha total estranheza, desde as primeiras vezes em que saí de carro naquela minha fase de recomeço, eu sentia uma ansiedade bastante incômoda, que do ponto de vista racional de modo algum se justificava.

A princípio, não comentei com ninguém sobre o quanto se passava comigo. Imaginei que fosse uma "bobagem" minha que logo se dissiparia. Mas não... Ao contrário,

93

aquela coisa parecia que ia aumentando a cada dia que passava. Confesso até que, por vezes, eu o tentava esconder de mim mesma, mas o fato é que me flagrei a, aos poucos, diminuir os meus trajetos pela cidade. Sair de carro, em questão de semanas, tornou-se para mim motivo de um extremo estresse.

A ansiedade a que me refiro era tanta que já trazia consigo sintomas físicos bem definidos e cada vez mais severos. Eu suava abundantemente, minhas pernas tremiam e meus joelhos ficavam praticamente travados, impossibilitando-me, inclusive, no que tange à utilização dos pedais do carro. Com o tempo, passei a ter esses sintomas de maneira antecipada, ou seja, a mera perspectiva de ter que sair com o carro já fazia com que eu os apresentasse.

Como vimos, diagnosticamos Raquel como uma pessoa que desenvolveu uma fobia específica de dirigir. Nossa cliente preenche todos os requisitos classificados no DSM-IV (Manual Diagnóstico e Estatístico de Transtornos Mentais), que são:

– Medo persistente na presença ou antecipação de um objeto ou situação;

– Presença de ansiedade diante da exposição ao estímulo fóbico específico;

– O objeto ou situação é evitado ou tolerado com intensa ansiedade;

Quando um diagnóstico muda uma vida

– O medo ou o comportamento de evitação interfere na vida normal do indivíduo;

– O indivíduo reconhece que o medo é excessivo ou irracional e

– Não existe nenhum histórico de outros transtornos mentais na vida do indivíduo.

Com o passar de mais algum tempo, percebi que, igualmente, se tornava motivo de temor para mim andar de carro com outras pessoas, ainda que não fosse eu quem dirigisse, e isso se aplica também, e principalmente, a meu marido – logo ele, que sempre foi tão cuidadoso ao volante (até demais!). Como consequência eu obviamente não pude mais manter aquilo em segredo por muito...

É comum encontrarmos pessoas com fobia de volante que passam a apresentar ansiedade quando dentro de um automóvel, mesmo se ela não o estiver conduzindo. Ressalto que isto não é uma particularidade da fobia de volante, mas pode acontecer em outros casos fóbicos. A isto chamamos tecnicamente de generalização, ou seja, a pessoa responde de forma fóbica a estímulos diferentes do original (dirigir um carro), mas que guardam alguma semelhança com ele (ser passageira de um veículo).

Meu marido e meu pai diziam:

– Como é que antes você dirigia? Você venceu um câncer, deu uma lição de vida para todos nós e agora está com medo de andar de carro!?

Sim, era uma contradição. E eu, como qualquer um que tem uma contradição sua jogada na cara, sentia-me péssima.

Como psicóloga sentia-me ainda mais embaraçada naquela situação. É certo que jamais cliniquei, tendo trabalhado sempre na área de recursos humanos. Contudo, sou uma psicóloga e disso eu não podia fugir. Minha cabeça ia a mil... O que estaria acontecendo comigo?

Pensei em algo sobre o que muitas vezes havia ouvido falar: síndrome do pânico. Estaria eu, depois de tudo por que já tinha passado, com esta coisa agora?

Procurei informar-me melhor sobre o assunto e percebi que não era o caso... Pessoas com síndrome do pânico têm crises de ansiedade em situações diversas. O meu caso mostrava-se desde sempre como algo absolutamente específico, ou seja, a única situação que de fato causava-me aquela gigantesca ansiedade era andar de carro.

Raquel estava certa. Conforme expliquei quando abordei a história de Elaine, não custa retomar, a síndrome do pânico caracteriza-se pela frequência de crises de pânico em situações diversas que eram anteriormente seguras para o paciente, tornando-se a partir de então motivos de temor. Como disse, o caso de Raquel é realmente típico de uma fobia específica. A sua ansiedade, fosse a situacional, fosse a antecipatória, era sempre causada pelo mesmo estímulo: o carro.

Quando um diagnóstico muda uma vida

Quase convencida de que jamais voltaria a pôr as mãos no volante de um carro comecei a adotar subterfúgios para adequar-me à situação de "ter que evitar o carro", além de obviamente muitas vezes deixar de fazer coisas, tornei-me uma verdadeira andarilha. Andava, andava e andava (pelo menos uma coisa boa, já que andar é tão saudável!).

Contudo, após certo tempo, meu marido e eu decidimos adotar uma criança – pois sempre sonhamos em ter um filho e minha menopausa precoce me impossibilitara de ser mãe – e com as consequentes obrigações que eu teria, havia se imposto uma nova situação. Como seria minha vida com um bebê e sem carro? Essa situação me incomodava muito, pois ainda que eu pudesse suportar as limitações que aquele problema vinha trazendo para mim não seria justo que as mesmas terminassem por de algum modo indireto prejudicar a vida meu filho, o que fatalmente aconteceria, já que eu acabaria sendo uma mãe de certa forma limitada.

Ademais, já era nítido de se perceber que esse tipo de situação só tende a piorar com o tempo se você não faz nada a respeito. O medo é um monstro que sempre se aproxima mais quando você tenta fugir. A única maneira de espantá-lo é correr justamente em sua direção. Fugir é encontrá-lo e alimentá-lo ainda mais. Dele só se foge para frente!

Raquel estava certa em sua conclusão. Todo fóbico que se esquiva ou foge da situação que causa medo se distancia da ação concreta, restando-lhe, então, realizar a ação mentalmente. Toda ação mental de uma pessoa ansiosa é direcionada para situações ruins. Para ela tudo sempre acabará em tragédia.

A prática clínica tem mostrado que quanto maior o tempo que o indivíduo fica longe de ação que o deixa ansioso maior é a sensação de que sua ansiedade nunca será controlada. Com esse tipo de cliente diante de nós resta-nos provar à pessoa que a situação imaginária não condiz com a situação real. Daí a utilização de técnicas de exposição ao vivo.

No tratamento pela exposição ao vivo a pessoa é confrontada, o tempo todo, com as situações que lhe geram ansiedade. Ela é feita de forma gradativa e a cada passo dado são reforçados os comportamentos adequados apresentados e apontados os dados de realidade. O cliente é levado a comparar sua fantasia com sua ação e as consequências das mesmas.

Foi, por extrema coincidência, justamente nesta época que ouvi falar sobre a proposta desenvolvida na Clínica Escola Cecilia Bellina. Decifrei isto como sendo uma mensagem deste meu, sempre tão surpreendente, destino. Eu o havia vencido. Era a hora de enfrentar "cara a cara" também este outro problema. Com a orientação de pessoas especializadas e com a utilização de técnicas específicas eu certamente haveria de conseguir...

Raquel veio, então, à Clínica Escola e iniciou a terapia de volante. Foi constatado, logo na primeira sessão, que ela tinha domínio do carro no que referia à parte prática, mas apresentava grande ansiedade. Seu tratamento foi bastante rápido. As dificuldades que ela havia passado durante o tratamento de sua doença fizeram com que aprendesse a visualizar possibilidades de vitória em outras situações de sua vida. Raquel era consciente da aversão que criara em relação ao carro, mas também tinha a consciência de que venceria mais essa batalha. E a enfrentou com muita coragem...

Não demorou muito a ser colocada para realizar as tarefas comportamentais. Essa é uma outra técnica utilizada para o tratamento do medo ou do pânico. Aqui o indivíduo é incitado a dirigir seu próprio carro e a estar sozinho. Todo passo dado é monitorado por seu terapeuta. É uma fase bastante difícil do treinamento, mas é a mais recompensadora. É onde se percebe que o sofrimento inicial valeu a pena.

O leitor que se identificar com Raquel em termos de apresentar fobia, apenas de dirigir, pode seguir os passos das tarefas que mostramos aqui. Assim como Raquel, você deve começar por trajetos bem curtos – uma volta no quarteirão – e, gradativamente, aumentar o grau de dificuldade. Vale a pena, também, planejar inicialmente percursos com pouco trânsito, passando, aos poucos, para situações onde há maior movimento e velocidade.

Praticar todos os dias é necessário. O desconforto físico e psicológico irá diminuir à medida que você pratica.

Foi exatamente o que aconteceu com Raquel. À medida que se expunha a dirigir, e agora sozinha, ela se fortalecia emocionalmente e diminuía a distância entre suas fantasias de não conseguir e a realidade. A realidade era só uma: ela era uma ótima motorista.

A certeza de que iria conseguir vencer o medo de dirigir foi confirmada. Hoje está absolutamente curada, sem nenhuma restrição para dirigir.

É claro que, no caso dela, devo ressaltar, houve uma circunstância facilitadora de nosso trabalho, que foi justamente o fato de ela já haver dirigido normalmente por um bom período de sua vida e saber fazê-lo bem. Não é o que ocorre na maioria dos casos. Normalmente os pacientes trazem queixas de um medo que desde sempre os impediu de aprender a dirigir ou os levou a consegui-lo de modo insatisfatório, o que faz com que o tratamento integralize a parte terapêutica com aulas mais técnicas, demandando, às vezes, um pouco mais de tempo.

> Após termos – meu marido e eu – equilibrado nossa vidas, começamos a pensar seriamente na adoção de uma criança. Era uma nova perspectiva...

> De fato, a adoção, longe de querer discutir aqui os seus complexos aspectos, pode ser para muitos casais, ou mesmo pessoas solteiras, uma excelente opção. É claro, confesso, que é o tipo de ideia que num primeiro instante demora um pouco para ser "assimilada", mas que, quando amadurece em nosso coração, torna-se um projeto extremamente belo e desde logo gratificante.

> Como àquela altura todas as pessoas que conhecíamos sabiam que estávamos empenhados naquele intento, fui

Quando um diagnóstico muda uma vida

procurada e me indicaram uma pessoa que conhecia uma moça que se encontrava grávida e que, por falta de condições financeiras, pretendia doar a criança que iria nascer.

Em questão de dias estávamos em outra cidade para termos com a tal moça. Realmente, sua situação financeira era deplorável, mas seu aspecto era bastante saudável. Chegava mesmo a ser uma moça bela. Ademais, houve entre nós uma empatia recíproca quase que imediata.

O próximo passo foi submeter a moça a uma sessão de exames que confirmasse, nela e no bebê, a saúde que aparentava. Dito e feito, ambos estavam realmente bem. A seguir, meu marido e eu lhe proporcionamos um lugar para morar, bem como recursos para que ela se mantivesse até o fim da gravidez. Faltava a parte legal. Entramos em contato com o juiz de menores e após um tempo conseguimos os papéis da adoção.

Parecia um sonho. Ou melhor, era um sonho. O meu sonho que estava se realizando... Tudo correu igualmente bem no restante da gravidez. Minha expectativa era tal que praticamente "fiquei grávida junto..." Cheguei a engordar cerca de 20 quilos durante aqueles meses. Como é a cabeça da gente!!!

Às vezes a moça me ligava e dizia...

– Teu filho mexeu!

E eu sentia uma emoção indescritível...

Hoje meu filho tem um ano e meio de idade e sinto-me uma mulher feliz e realizada, sobretudo por ter conseguido, apesar de tudo por que passei, levar a cabo o meu principal sonho. Espero poder dar a meu filho tudo o que de melhor houver, bem como aprender com ele tanto ou muito mais do que ele possa aprender comigo...

Resta-me, no final deste capítulo, agradecer imensamente à Raquel por sua generosidade em compartilhar conosco sua história. Sua vida é e sempre será uma grande lição para todos nós.

O ato de dirigir representa para mim a liberdade, a vida. E hoje, mais do que nunca, e creio até, modestamente, mais do que a maioria das pessoas, eu sei muito bem o quanto vale a vida.

Poder levar meu filho para onde quer que seja e poder me sentir livre e forte é com certeza mais uma vitória conquistada em minha vida.

CAPÍTULO 6

A eterna dúvida

Creio, particularmente, que o assunto que abordaremos neste próximo capítulo, o qual se ilustrará através da história de nosso paciente Renato, é um dos mais interessantes, e talvez misteriosos, de serem estudados tanto pela área da psicologia quanto pela psiquiatria, o TOC.

O TOC, como via de regra, é utilizado nos meios médicos, são as iniciais de Transtorno Obsessivo Compulsivo. O mesmo que antigamente denominávamos DOC – Distúrbio Obsessivo Compulsivo.

Gostaria de, já inicialmente, explicar para o leitor não familiarizado com o assunto do que se trata o TOC... Podemos defini-lo como sendo um distúrbio de ansiedade que leva o paciente a sentir-se obrigado a realizar tarefas ou rituais absolutamente sem sentido de um ponto de vista racional, sob pena de acreditar que se evadir daquele ato pode significar algum tipo de consequência desastrosa. É importante salientar que a pessoa com este tipo de comportamento tem claramente para si a consciência de que aqueles atos a que está sendo "compelida" são desprovidos de razão, mas mesmo assim não consegue evitar realizá-los. O indivíduo portador de TOC apresenta dois comportamentos bem específicos da doença: a obsessão e/ou a compulsão.

As obsessões são caracterizadas por pensamentos negativos e repetitivos, experimentados como intrusivos e que causam sofrimento muito grande para o indivíduo. A fim de diminuir a intensidade dos pensamentos o indivíduo lança mão de métodos para neutralizá-los. A tentativa de neutralização pode ser por meio de outros pensamentos ou de ações corporais como contar, caminhar, checar.

À esta tentativa de neutralização chamamos de compulsão. São definidas pelo DSM-IV como comportamentos repetitivos que a pessoa se sente compelida a realizar em resposta às obsessões. Ela visa reduzir ou evitar o sofrimento. Contudo, algumas pessoas desenvolvem rituais que demandam muito tempo para serem realizados. Com isso, a qualidade de vida do indivíduo cai e o meio em que ele vive começa a enxergá-lo com estranheza.

O portador de TOC acaba por ter que lidar em sua vida com comportamentos que estão encadeados e nunca cessam. Pensar o obriga a agir para diminuir a ansiedade. O alívio que a compulsão fornece é momentâneo e ele volta a ter os pensamentos obsessivos que o levam a agir, e assim por diante.

O cliente, em geral, busca tratamento porque os rituais compulsivos são desgastantes, resolvem a ansiedade de uma

A eterna dúvida

maneira insatisfatória e criam problemas práticos. Os rituais são, como dito acima, neutralizadores das obsessões.

Observaria também aqui que, pela experiência que tenho adquirido em meu trabalho, tem sido para mim possível perceber que o TOC atinge um número de clientes muito mais alto do que a maioria das pessoas imagina. Há, na verdade, algo que em muito obsta que se tome uma noção exata de sua dimensão, que é o silêncio dos próprios pacientes que o apresentam, sobretudo, penso, por dois motivos...

Em primeiro lugar muito dos casos de TOC não chegam a um nível de severidade que venha a atrapalhar sensivelmente a vida do paciente. Assim, ainda que lhe cause algum desgaste ou desconforto, o problema acaba sendo suportável, levando a pessoa assim a silenciá-lo ou mesmo a ignorar o fato de que aquilo se trata de algum tipo de transtorno.

Em segundo lugar, vivemos, como estamos fartos de saber, em uma sociedade absolutamente preconceituosa, onde, assumir, muitas vezes até perante os próprios familiares, um problema deste tipo, que leva a pessoa muitas vezes a comportamentos que podem, sob uma visão despreparada, ser avaliado como ridículos, talvez signifique ser estigmatizado como "maluco". Lamentavelmente, acredito que essa razão é até mais forte do que a primeira, o que se torna ainda mais triste quando percebemos que este é um mal que, como disse, atinge um grande universo de pessoas, as quais decerto muito sofrem em razão dele, sobretudo por se tratar de algo que, de modo invariável, abala sensivelmente a autoestima de quem dele sofre.

Há casos, porém, em que o TOC efetivamente leva o paciente a uma situação em que, além do desgaste e da queda de autoestima que, como disse, dele são sempre consequências, sua vida torna-se de alguma maneira comprometida ou limitada. No caso de Renato, esta limitação veio através do medo de dirigir. Vamos à sua história...

Renato tem 21 anos. É, certamente, dentre todos os nossos pacientes, um dos mais jovens. Assim como vimos na história de Célia, e também na minha própria, Renato foi mais um adolescente que mal podia esperar o dia em que completasse 18 anos para poder tirar sua habilitação e sair dirigindo por aí...

Sempre fui fascinado por carros. Minha adolescência, época em que o tempo costuma passar devagar, foi para mim como uma contagem regressiva. Quando criança ainda, eu sempre fizera tudo o que podia para estar de algum modo em contato com um carro. Lavar ou polir o carro de meu pai já era motivo de enorme prazer. A simples ideia de dirigir foi efetivamente um sonho que me encantou por muito tempo.

No dia em que completei os 18 anos, dei entrada na documentação junto à autoescola, e após dois meses estava com minha Carteira Nacional de Habilitação. Quanto ao carro, já o até havia adquirido anteriormente. Enfim, meu sonho parecia se realizar... Entretanto, as coisas não seriam para mim exatamente como eu havia imaginado... No começo, eu pegava o carro apenas para ir a lugares razoavelmente perto de minha casa,

A eterna dúvida

utilizando preferencialmente ruas menos movimentadas. Apesar de tanto ter esperado por aquele momento, eu tinha a plena consciência de que levaria algum tempo para que eu realmente aprendesse a dirigir bem e me sentisse seguro para ir a qualquer parte. O pouco tempo de autoescola que fiz foi, infelizmente, bastante deficitário. Eu havia conseguido tirar a carta, mas não me sentia totalmente seguro. Neste ponto, creio, uma cidade grande como São Paulo intimida um pouco a gente...

Poupo-me de aqui repetir o quanto tenho dito sobre a questão do despreparo que as pessoas têm, e sabem que têm, quando adquirem sua habilitação...

Mas coisas estranhas começaram a acontecer comigo...

Veio uma certa tarde de domingo... Saí sozinho com o carro para ir até o posto de gasolina. Estava tudo bem. Era um trajeto rápido e o trânsito estava ótimo. Já estava no caminho de volta para casa, depois de ter abastecido o carro e calibrado os pneus, quando passei por uma esquina onde havia três mulheres bem na beira da calçada, provavelmente esperando para atravessar a rua, ou talvez à espera de um táxi. Devido à posição em que estavam, passei com o carro bem perto delas...

Segui em frente meu caminho em direção à minha casa.

De repente, um ou dois minutos depois de eu haver passado ao lado daquelas mulheres, um pensamento

Dirigir sem Medo

estranho nasceu em minha mente e foi, pouco a pouco, crescendo e me incomodando. Por ter passado tão perto do ponto onde estavam aquelas mulheres, fiquei imaginando que poderia ter atropelado uma delas...

É claro que desde logo eu próprio repulsei aquela ideia. Eu sabia que não fazia sentido imaginar algo assim. Contudo, havia uma parte de mim que parecia que eu não conseguia controlar, que me impunha pensar naquilo a ponto de crer que pudesse ter de fato acontecido. Fiquei por alguns instantes às voltas com aquela contradição mental, na qual eu tacitamente dialogava e argumentava comigo mesmo...

– Será que atropelei uma delas? Afinal, elas estavam ali, na beira da calçada... Isto é ridículo! Se eu tivesse atropelado, teria visto!... Mas e se não tiver visto? Talvez eu tenha me distraído justamente naquele momento... É pouco provável, mas e se for verdade?... Talvez as outras duas tenham anotado a placa de meu carro... Além disso, se eu tiver de fato atropelado alguém, estarei encrencado, pois sequer parei para prestar auxílio...

Por mais que eu tentasse lutar contra aquele pensamento, que eu próprio sabia absurdo, não conseguia sair daquilo. Cheguei em casa. Parei na frente do portão e não entrei na garagem. Fiquei ali estacionado a ruminar aquelas ideias. Percebi então que só havia algo a fazer para livrar-me daquilo: Voltar ao local para me certificar se de fato algo havia ocorrido...

A eterna dúvida

Dito e feito, lá fui eu. Mais alguns minutos e já estava de volta àquela mesma esquina. Mas as três mulheres, logicamente, já lá não se encontravam. Confuso, olhei em volta e ainda fiquei pensando...

– Bom, parece que não aconteceu nada por aqui... A menos que a pessoa atropelada já tenha sido socorrida e removida... Será?... Não. É pouco provável que isso tenha acontecido em tão pouco tempo...

Cheguei a cogitar em meu íntimo a possibilidade de tocar a campainha de alguma casa e perguntar se sabiam de algum atropelamento ocorrido ali há alguns minutos. Felizmente, ponderei que estaria me expondo ao ridículo se o fizesse. Finalmente, voltei para casa. Aos poucos, aquela ansiedade foi diminuindo, mas ainda fiquei pensando no assunto por horas.

Renato, já ao narrar esta sua primeira passagem em que o TOC manifestou-se de modo relativo ao carro, diz-nos que, no momento em que pensou em tocar a campainha de alguma casa para confirmar se o atropelamento havia acontecido, percebeu que se sentiria ridículo, o que atesta desde já algo que é, como já mencionei ao defini-lo, extremamente significativo na análise deste tipo de problema, que é o fato de o paciente ter a absoluta noção de que aquele comportamento é racionalmente absurdo.

Apenas para ilustrar, imaginemos o que aconteceria se Renato tivesse procurado alguém em alguma das casas daquela esquina...

Dirigir sem Medo

– Por favor, poderia me informar se alguém foi atropelado agora há pouco nesta esquina?

– Que eu saiba, não... Por quê? O senhor ficou sabendo de algum acidente?

– Não, não... É que eu vinha passando por aqui de carro e depois fiquei com a impressão de ter atropelado alguém, mas não tenho certeza se aconteceu mesmo...

Definitivamente, seria uma situação extremamente complicada, em que, por mais que busquemos encarar este comportamento de um ponto de vista médico – científico, ou mesmo humano, não podemos negar o seu aspecto jocoso, ou mesmo ridículo, o que, seguramente, contribui em muito para agravar o mal-estar do paciente...

Registre-se, desde já, que um dos sintomas mais comuns entre os pacientes com TOC é justamente esta incontrolável compulsão por ter que verificar algo que se imagina ter acontecido ou estar acontecendo, apesar de o saber com certeza que não. Em certos casos, essas verificações podem se repetir inúmeras vezes. Na verdade, acaba sendo para a pessoa a única forma de aplacar aquela insuportável sensação de ansiedade. Assim, o portador de TOC cria seus rituais comportamentais. Há muitos tipos deles: conferência de cunho religioso, de lavagem etc. Há pacientes que desenvolvem rituais que os fazem perder horas com sua realização e, embora saibam que tais comportamentos são absurdos, não conseguem deixar de fazê-los.

A eterna dúvida

Ainda naquele domingo, à noite, pus-me a refletir sobre o que se passara. Confesso que cheguei a ter vergonha de mim mesmo. Eu já sabia, desde logo, que não podia deixar aquele tipo de pensamento me dominar, ou viria a ter sérios problemas.

Contudo, ainda que eu até já tivesse, como mencionei, uma nítida ideia de onde aquilo poderia parar, eu não conseguia fazer nada para deter aquele pensamento, e, exatamente como eu pressenti, aconteceu de novo. E logo de novo e de novo. E cada vez menos eu conseguia me controlar...

Ao cabo de semanas, sempre que eu passava com o carro perto de uma pessoa, ficava com aquela impressão de tê-la atropelado, e sempre, ou quase sempre, sentia-me forçado a voltar ao local para conferir se havia ou não acontecido. Dirigir meu carro, algo com que eu tanto havia sonhado foi se tornando um inferno para mim.

Ademais, aumentavam também as elucubrações que eu fazia, ou que minha cabeça – por conta própria – fazia... Eu voltava ao local do suposto acidente e não via nada. Aí começava... E se a pessoa já foi socorrida?... E se morreu e o corpo já tiver sido removido?... E se a polícia estiver atrás de mim?... E aquilo parecia que não parava mais... Chegava a pensar em procurar os hospitais da redondeza para saber se nenhuma vítima de atropelamento havia dado entrada nos últimos minutos...

Pior ainda, logo o problema deixou de se resumir a supostos atropelamentos. Comecei, da mesma forma, sempre que passava muito perto de algum outro veículo, "tirando uma fina", imaginar que pudesse ter havido uma batida. Igualmente, eu sentia a necessidade de voltar ao local para ver se lá não havia nenhum motorista enfurecido por eu ter batido em seu carro.

Havia também uma outra forma de realizar aquelas verificações, que era observar a lataria de meu carro quando chegava em casa. Se eu houvesse batido em outro veículo ou atropelado alguém, decerto haveria alguma marca. Assim, sempre que chegava em casa depois de ter saído com o carro, eu ficava um bom tempo ali na garagem, observando a lataria, a pintura, para ver se não havia nenhum amassado ou nenhuma mancha de sangue. Em certa oportunidade fiz minha mãe abaixar-se e deitar no chão para ver se não havia sangue embaixo do carro...

Como consequência, fui utilizando o carro cada vez menos e, quando o fazia, dificilmente realizava algum trajeto sem fazer retornos pelo caminho, certificando-me, várias vezes, de não ter me envolvido em nenhum acidente. Em função disso, eu levava, às vezes, quarenta minutos para fazer um percurso que normalmente me custaria quinze.

Percebemos, na clínica, que os portadores de TOC são muito reforçados por suas famílias. Familiares, como a mãe de Renato, são solicitados a participarem dos atos de

A eterna dúvida

conferência e assim o fazem. Sabe-se, contudo, que o fazem de uma forma não terapêutica, apenas com o objetivo de aliviar o sofrimento da pessoa ou mesmo de se livrar de alguém que está "incomodando". Este fato mostra ao leitor o quanto é importante que a família do obsessivo- compulsivo também seja terapeuticamente tratada.

Quando o TOC chega a este ponto, começa a tornar-se difícil para o paciente esconder o problema das pessoas que com ele convivem.

É claro que minha mãe, e principalmente ela, logo percebeu que havia algo errado comigo. A passagem em que a fiz olhar a parte de baixo do carro, que obviamente deixou-a pasma e aturdida, fez parte disso. Porém, mesmo que tal não houvesse ocorrido, ela teria do mesmo modo constatado que alguma coisa estranha se passava pelo simples fato de eu estar, paulatinamente, abandonando o carro com que eu tanto sonhara. Comecei a deixá-lo estacionado às vezes por vários dias, chegando até a comprar uma capa para protegê-lo, como se costumava fazer com os carros antigos. Alcancei o cúmulo de preferir ir ao mercado a pé e voltar carregado de compras nos braços a fazê-lo com o carro.

– O que é que está acontecendo? Você me atazanou tanto para comprar este carro e agora não sai mais com ele!? – Perguntava ela – Você não está bem! Aquela cena de outro dia em que você me fez ficar olhando embaixo do carro foi uma coisa simplesmente absurda! O que é que você tem? Será que está enlouquecendo!?

Sim. Ela tinha razão. Aquela cena fora de fato absurda. Bizarra, inacreditável. Quanto a eu estar enlouquecendo, às vezes eu imaginava que ela também não devia estar errada...

Àquela altura, nas já raras vezes em que ainda saía com o carro, eu já ficava antecipando o que eventualmente poderia acontecer, o que me levava a sair de casa previamente ansioso. Por mais que eu fizesse de tudo para evitar aqueles pensamentos, minha cabeça parecia uma máquina trabalhando sem parar, imaginando possibilidades absolutamente improváveis, fazendo-me sentir um desespero que me levava a querer gritar algo como:

– Chega! Eu preciso parar com isso!

Mas eu não conseguia. Simplesmente não conseguia. Era mais forte do que eu. Eu já não sabia se seria pior ser de fato um louco, já que os loucos não têm consciência de sua loucura, ou viver assim, no paradoxo de estar consciente de minha insanidade...

Como consequência daquilo tudo, minha irmã, que completara então também os dezoito anos, e de quem eu anteriormente me sentia enciumado em relação ao carro, tornou-se dele a principal – e quase única – usuária.

Como vimos, o próprio Renato, repetindo que, como falei, o paciente de TOC jamais deixa de ter a ciência de que os seus atos compulsivos são racionalmente injustificáveis. Pedi-lhe, então, apenas para ilustrar melhor ainda a situação,

A eterna dúvida

que tentasse se lembrar da coisa mais absurda que tivesse
feito em razão do TOC...

> Destacaria ainda pensamentos que vinham em minha
> mente nos quais eu antecipava não apenas a situação de
> um suposto acidente, mas inúmeros e sempre absurdos
> desdobramentos do mesmo. Exemplificando, eu che-
> gava a imaginar que teria feito uma vítima fatal e que
> a polícia acreditaria que eu teria fugido, indo ter em
> minha casa, já que alguém provavelmente haveria ano-
> tado a placa do carro, e que possivelmente já tivessem
> até prendido minha mãe com o intuito de fazê-la revelar
> o meu paradeiro. Felizmente jamais cheguei a fazê-lo,
> mas cheguei ao cúmulo de, às vezes, alimentar a ideia
> de apresentar-me na delegacia para saber se estavam
> procurando por mim...

Imagino que para o leitor que agora esteja a ler estas
linhas e que jamais tenha ouvido falar a respeito de TOC, este
tipo de situação seja praticamente inacreditável ou mesmo
inconcebível. Infelizmente, às vezes a nossa ignorância nos
empurra para o preconceito. Contudo, gostaria de repetir
que o TOC, nem sempre, é claro, neste nível de severidade,
é algo extremamente comum, e acrescentaria que, se Renato
não chegou a procurar uma delegacia para "se entregar", tive
conhecimento de pessoas que o fizeram. Mais ainda, cheguei
a ouvir de autoridades policiais que tal coisa não é nada rara
no cotidiano de uma delegacia.

Entretanto, se Renato não chegou ao extremo referido, seu caso se agravaria ainda mais de um modo que era inédito para mim...

> Sempre adorei pedalar e tive na bicicleta uma companheira de toda a minha adolescência. Com o surgimento desse problema que praticamente me impedia de dirigir, voltei a utilizá-la com frequência. Todavia, para meu desespero e confusão, comecei a apresentar aqueles mesmos sintomas quando saía de bicicleta... Assim, se eu estivesse pedalando em um parque ou uma praça e passasse perto de alguém, ficava cismado e tinha que voltar para certificar-me de que não havia atropelado a pessoa. Às vezes, já me encontrava a uma boa distância de onde acreditava poder o acidente ter ocorrido e me via forçado a voltar e fazer a verificação. Do mesmo modo, com o tempo, eu igualmente chegava em casa e ficava examinando a bicicleta na busca de algum sinal de batida, e do mesmo modo cheguei a pedir à minha mãe que me ajudasse em tal empreitada.

Na entrevista que fiz com Renato, soube então, e isto era de se esperar, que este tipo de comportamento não se iniciara quando ele começou a dirigir. Através de outros tipos de sintomas, o TOC já se fazia presente em sua vida desde a infância. O problema com o carro foi uma consequência de uma predisposição já francamente manifestada.

> Sim, eu tinha algumas "manias": Às vezes eu entrava em um quarto de minha casa e acendia a luz. Então vinha

A eterna dúvida

uma compulsão de apagá-la para tornar a acendê-la. Em muitas ocasiões eu ficava apagando e acendendo a luz diversas vezes, até um determinado número em minha cabeça. Aliás, sempre tive também essa coisa com números. Certos números pareciam-me "do bem", outros "do mal". Assim, se eu fizesse alguma atividade um determinado número de vezes e este fosse "do mal", fazia-a tantas vezes a mais quanto fossem necessárias para alcançar um número do bem. Podia ser, por exemplo, o número de copos d'água que eu tomasse em um dia (eu sempre os contava), ou a quantidade de sapatos que tinha no meu armário, ou ainda o número de vezes que eu fosse ao banheiro durante uma visita à casa de alguém, e por aí afora...

Esses tipos de sintomas de TOC que agora vimos no relato de Renato são igualmente frequentes. São, entretanto, justamente aqueles que atingem muitas pessoas sem que ninguém à volta delas jamais venha a saber, já que são de difícil observação externa. Uma pessoa pode passar uma vida contando azulejos ou pedras nas calçadas sem que o seu próprio cônjuge saiba disso. Repito que, inclusive por se sentirem envergonhadas ou temerem o ridículo, os portadores de TOC raramente se expõem ou procuram ajuda médica.

A obsessão com números é igualmente bastante comum, já que muitas vezes há algo de ritualístico nos comportamentos consequentes do TOC. Há, na literatura médica, exemplos extremamente curiosos como "fazer o sinal da cruz sete vezes após uma oração porque sete é o número de

Dirigir sem Medo

dias da semana", ou "dar trinta e três passos antes de atravessar a rua porque trinta e três é a idade de Jesus", ou "tomar dois copos d'água antes de dormir porque um só pode ser uma condenação para uma vida de solidão" etc. Creiam-me: isto acontece demais!

Por outro lado, vale observar que o TOC torna-se notório para as pessoas que cercam o paciente quando se manifesta através do problema dos cacoetes, ou tiques nervosos, que constituem também uma de suas modalidades. Dentre os mais comuns, poderíamos citar o de piscar os olhos compulsivamente, o de fazer determinados gestos com as mãos ou o pescoço, ou mesmo o de emitir determinado som com a voz.

Uma pergunta que naturalmente se impõe ao abordarmos essa parte do assunto TOC refere-se justamente a que tipo de sensação ou impressão o paciente tem, caso tente lutar contra aquela determinada compulsão. Invariavelmente, a resposta, mesmo que quase sempre reticente, é a ideia de que algo de muito ruim lhe acontecerá...

> Quando criança ninguém tinha conhecimento daquelas coisas esquisitas que eu fazia. O primeiro a percebê-lo foi meu pai, sobretudo em relação ao fato de eu me negar a pisar em um buraco que havia no chão da cozinha. Não sei se ele era muito observador ou se foi coisa do acaso, mas o fato é que ele notou que eu evitava pisar ali. A partir de então ele foi pouco a pouco captando outras manias minhas. Chegava a dizer à minha mãe:

A eterna dúvida

– Precisamos levar este menino ao psicólogo! Ele tem alguma coisa muito estranha... Por que diabos não pode pisar aí, onde todo mundo pisa!?

É difícil dizer por que eu não pisava naquele pequeno buraco ou porque tinha que ficar contando aquelas coisas... Creio que tinha uma sensação de que poderia morrer ou ficar doente se não o fizesse. Pensava também em espíritos.

Temia que viessem me buscar. Todavia não sei dizer por que justamente aquele pequeno buraco traria tais consequências... Às vezes analisava friamente a questão e via que era algo descabido. Mesmo assim, não conseguia me controlar. Já então a ansiedade era mais forte do que eu.

Eu de fato, ainda garoto, cheguei a ir a um psicólogo, mas não simpatizei com a pessoa e a terapia não teve continuidade. Ainda quanto a meu pai, ele às vezes lançava mão de um outro artifício com relação ao meu problema, que era comentá-lo com outras pessoas na minha presença, certamente crendo que eu me envergonharia e daria um basta naquilo. É claro que, sobretudo hoje, bem sei que sua intenção era a melhor possível quando o fazia, mas não creio que tenha sido bom para mim. Eu, realmente, me sentia por demais envergonhado, para não dizer ridicularizado, mas isso em nada contribuía para qualquer melhora. Ao contrário, deixava-me ainda mais ansioso.

Apesar de o pai de Renato já haver falecido e de eu jamais o haver conhecido, permito-me aqui levantar uma hipótese que creio fazer algum sentido... Para muitos estudiosos do TOC, notadamente da área da psiquiatria, esse tipo de distúrbio tem um forte componente genético. Há pesquisas importantes nesse sentido. Por outro lado, sabemos que é extremamente difícil a percepção de atos ou ideias alheios motivados pelo TOC, por mais próximo que o observador esteja do paciente. Se considerarmos o fato de o pai de Renato tê-lo notado no filho, isso talvez seja um indício de que aquilo era algo familiar para aquele pai. Talvez ele próprio tivesse algum problema neste sentido. É apenas, insisto, uma hipótese, que obviamente jamais será comprovada, a menos que algum parente de Renato nos traga algum novo testemunho a respeito...

Já que mencionei a morte do pai de Renato, passemos agora a esta parte de seu relato, mesmo porque, tendo em vista a extrema admiração que ele nutria pelo pai, fora algo de extrema importância em sua história de vida, inclusive no que se refere ao TOC...

> Meu pai era um tipo meio "durão", conservador e de pouca fala. Porém, mesmo dentro dessas suas características, sabia como ninguém ser amigo e companheiro.
>
> Eu de fato o amava muito, creio até que mais do que os filhos costumam amar seus pais. Sua morte foi, inegavelmente, um divisor de águas em minha vida.

A eterna dúvida

O pai de Renato morreu em um acidente de trânsito, o que faz supor um elo com os sintomas que Renato apresentou quando começou a dirigir.

Eu tinha quatorze anos. Jamais me esquecerei daquela tarde, mesmo que viva duzentos anos... Meu pai havia saído com seu carro, como costumava fazer. Minha irmã, minha mãe e eu estávamos em casa, quando o telefone tocou. Minha mãe atendeu e logo depois saiu bastante aflita. Disse-nos apenas que meu pai havia sofrido um acidente, mas que estava tudo bem... No começo, minha irmã e eu até acreditamos. Ficamos em casa com a empregada. Mas minha mãe demorou demais para voltar. Queríamos notícias e, acima de tudo, ver o nosso pai, saber como ele se encontrava, se estava realmente bem...

Meu pai, na verdade, morreu ainda antes de dar entrada no hospital. O acidente se deu em uma avenida de grande movimento. No momento em que ele fazia um retorno de uma pista para outra, através de um acesso que cortava o canteiro central, foi atingido por um ônibus. Foi uma batida feia, à qual dificilmente alguém sobreviveria.

Ao chegar à Clínica Escola Renato realizou, como todos os clientes, uma entrevista que visa fazer o levantamento do maior número de dados possíveis em relação à vida da pessoa. O quadro que ia se desvendando era interessante e, a

Dirigir sem Medo

partir daí, assumimos, juntos, o compromisso de fazer com que sua vida se tornasse menos "pesada".

De posse de todo material colhido na entrevista planejamos sua terapia.

Como Renato chegou tendo ótimas noções de carro, enfocamos o tratamento no transtorno ansioso que ele apresentava. Foram utilizadas, com ele, as técnicas de exposição ao vivo e prevenção de respostas.

Utilizando a exposição ao vivo objetivávamos promover, em nosso cliente, a habituação da ansiedade em seu organismo. Como já explicado, a exposição é feita de forma gradativa a fim de que os estímulos que causam menor sofrimento sejam enfrentados antes dos que são mais perturbadores. Com isso, cria-se um ambiente emocionalmente seguro.

Na técnica de prevenção de respostas, o cliente é instruído a não realizar nenhum dos comportamentos ritualísticos (no caso de Renato, os comportamentos de checagem e contagem). Não é fácil para nosso cliente atender a este tipo de instrução, mas sua vontade de curar o fez se conter. Em princípio, a prevenção de respostas era feita durante as sessões com o intuito de ensiná-lo a se comportar da mesma forma durante as tarefas comportamentais.

O paciente predisposto ao TOC pode e costuma apresentá-lo de maneiras diferentes em momentos diferentes. No caso de Renato, ainda hoje, ele próprio admite que, ainda que tenha apresentado uma melhora significativa no que tange ao dirigir, ainda tem algumas das suas "manias". Infelizmente,

A eterna dúvida

devo dizer que o TOC, sobretudo pela sua peculiar característica de no mais das vezes ser imperceptível para os outros, acaba sendo um dos tipos de transtornos da ansiedade de mais difícil sucesso em termos de uma superação completa. Ressalto, entretanto, que há tratamentos eficientes que, ainda que não cheguem a eliminar totalmente o problema, fazem com que o mesmo em muito se amenize, proporcionando uma melhora na qualidade de vida do paciente, e que, portanto, valem a pena ser empreendidos, tanto na área da psicologia quanto na da psiquiatria.

Ainda tenho alguns receios, sobretudo quando tenho de fazer trajetos mais longos, mas já melhorei muito. Voltei de fato a dirigir. É certo que, às vezes, aquelas ideias ainda me vêm à mente, mas já não me sinto tão ansioso e a elas não mais me rendo. Jamais voltei a fazer um retorno para conferir se provoquei algum acidente. Ademais, sinto-me muito bem por ter estado em contato com pessoas que sofrem de problemas similares. Nas pessoas de minha relação, além das de minha família, apenas um amigo sabe que estou fazendo este tratamento. Não superei o fato de me abrir totalmente acerca do meu problema, mas acho que, mesmo neste ponto, estou melhorando. Afinal, estou dando este depoimento para este livro, não é mesmo?

CAPÍTULO 7

Depois daquela curva

Muitas pessoas utilizam o termo "trauma" para se referirem à sequela psicológica que alguém traz de uma experiência árdua ou marcante pela qual passou. Considera-se, assim, vulgarmente, que a pessoa, tendo passado por uma experiência sofrida, ficou "traumatizada" em razão da mesma, ou seja, adquiriu um "trauma". Não me parece que essa expressão seja exata, pois "trauma", denotativamente, significa muito mais o fato danoso em si do que as suas consequências, ainda haja uma certa divergência mesmo entre respeitados especialistas de nossa língua. De qualquer forma, tendo feito esta breve introdução apenas a título de curiosidade, cumpre observar que a denominação correta do assunto que agora passamos a abordar, e que é também um causador de medo de dirigir para muitas pessoas, é, nos meios da medicina e da psicologia, estresse pós-traumático.

Podemos definir o estresse pós-traumático como sendo um transtorno de ansiedade que acomete algumas pessoas que viveram ou testemunharam situações extremamente estressantes de violência, ou de risco ou ameaça à vida, na qual atingiram uma sensação extrema de pavor, angústia ou impotência. Exemplificando: incêndios, assaltos, estupros, catástrofes naturais, guerras, acidentes etc.

O estresse pós-traumático, via de regra, traz ao paciente sintomas psicológicos intensos quando a pessoa fica exposta a indícios do ocorrido, como: irritabilidade, recordações e sonhos aflitivos e recorrentes, sofrimento, agir ou sentir como se o evento traumático estivesse ocorrendo novamente (flashbacks), cansaço, sobressalto, insônia, além de um comportamento de evitação fóbica, ou seja, de fuga permanente e irracional daquela situação em que o mesmo ocorreu. Trocando em miúdos, o paciente fica de tal maneira marcado pelo que passou que agora sofre um medo incontrolável de voltar àquela mesma situação, mesmo que ela por si só não represente nenhum risco ou faça crer que aquele mesmo evento irá se repetir. Vale observar que nem todas as pessoas que passam por uma experiência extrema, como as que citei a título de exemplo, sofrem de estresse pós-traumático. Já o contrário é verdadeiro, ou seja, não há estresse pós-traumático sem o evento que o motivou, ou estaríamos diante de algum outro tipo de patologia.

Passemos à história de nossa paciente Norma...

Norma tem hoje 47 anos e habilitou-se aos 43. Ao contrário da maioria das pessoas que nos procuram, Norma não apresentava medo anteriormente.

Depois daquela curva

Eu na verdade até já pensava, desde há muito, em tirar minha carta de motorista. Contudo, fui deixando, deixando, e sabe como é... Tenho cinco filhos, e quando eles eram crianças eu tinha muitos afazeres domésticos e quase nunca saía de casa. Mais tarde, conforme eles foram crescendo, fui aos poucos tendo mais tempo para mim.

Aos 40 anos, percebi que havia chegado a hora de tirar minha habilitação. Se todo mundo fazia, por que eu não poderia fazer? Além do mais, não era apenas um mero capricho. Minha autoconfiança e minha independência estavam em jogo. Meu trabalho exigia cada vez mais que eu dirigisse, pois isso facilitaria em muito minha vida.

O aprendizado na autoescola correu tranquilamente, tanto na parte teórica quanto na prática.

Veio enfim o dia do exame e, apesar de eu ter-me sentido extremamente nervosa durante a sua realização, logo tive a agradável surpresa de constatar que meu desempenho foi ótimo e que fui aprovada sem qualquer problema. Cheguei a pensar comigo mesma... "Por que é que não fiz isso antes? Acho que fui uma tola..."

Foram cerca de dois anos em que tudo correu maravilhosamente bem em minha vida. O simples ato de dirigir fazia-me muito bem. Sentia-me confiante, independente, dona de uma "garra" que eu jamais havia tido em minha vida. Não sei bem como dizer, mas era como se eu me sentisse "mais eu".

127

Dirigir sem Medo

Era o mês de novembro de 1998 e foi possível programar alguns dias de férias, com toda a família, para aquele fim de ano. Há muito vínhamos alimentando a ideia de alugar uma casa na praia e aquela época de quase verão pareceu-nos extremamente propícia. Dito e feito, passei a consultar alguns anúncios e contatar pessoas por telefone. Uma casa que descobri no litoral paulista soou exatamente como o que procurávamos, sobretudo por ser um lugar razoavelmente perto da capital e de fácil acesso. Resolvi ir até lá para conhecer a casa.

Eram cerca de nove e meia da manhã daquele domingo, quando buzinei em frente à casa de minha filha Paula e a convidei para ir comigo ver a casa.

– Tudo bem, mãe. Vou sim. Espere apenas um minuto para eu vestir o Rafael... Assim, fomos os três. Paula, meu netinho, então com três anos de idade, e eu.

Sendo meu carro uma pequena *pick up*, cuja cabine era feita apenas para duas pessoas, Paula foi com Rafael em seu colo, e lhe recomendei que o envolvesse quando ajustasse o cinto de segurança, o que foi feito.

Cumpre aqui registrar que crianças com menos de 10 anos de idade devem, por lei, viajar apenas no banco traseiro. Se o veículo for como era o de Norma, uma pequena *pick up*, onde não há banco traseiro, então o transporte de menores poderá ser realizado no banco dianteiro. Contudo, cabe aqui salientar que não juntamente com uma terceira pessoa, já que o carro possui apenas dois bancos, portanto, há apenas dois cintos de segurança. Igualmente irregular é a utilização de um mesmo cinto de segurança por duas pessoas, uma no colo da outra, simultaneamente. Em caso de colisão, a pessoa que estiver à frente, como no caso estava o garoto, será comprimida entre a pressão exercida pelo cinto e a exercida pela outra pessoa.

> O dia estava maravilhoso. O céu, azul, e a estrada tranquila. Eram mais ou menos 11h15 quando passamos por um guarda rodoviário. Não sei exatamente por que, foi o último momento do qual consigo me recordar...

É comum, em casos de acidentes graves, como o que Norma veio a sofrer, que a vítima se esqueça completamente do momento em que o mesmo se tenha dado, bem como dos instantes que o precederam. É como se a mente tivesse um mecanismo de defesa, rejeitando para o futuro as lembranças daquela passagem tão angustiante. O acidente de Norma, cujo relato passo a fazer com base no que foi apurado posteriormente junto à polícia, deu-se cerca de nove quilômetros após o ponto onde ela narra que havia um guarda e que foi o último momento de que se lembra. Tudo o que se refere a esses nove quilômetros foi apagado de sua mente, assim como o foram os momentos imediatamente posteriores à batida, durante os quais ela ficou presa a ferragens, tendo levado um bom tempo, mais de uma hora e meia, para ser liberta, sendo que ela não chegou, em nenhum instante, a perder os sentidos, perguntando sistematicamente para os homens que a socorriam sobre a sorte do neto e da filha.

Dirigir sem Medo

Norma trafegava por uma estrada de pista única com duas mãos e que possui inúmeras curvas, muitas delas bastante fechadas, para ambos os lados. Foi numa dessas curvas que tudo se deu. Curiosamente, Norma sabe dizer a quilometragem exata: km 71,6. Um carro que vinha no sentido oposto perdeu a direção e invadiu a sua pista, atingindo-lhe quase de frente. Na verdade, o veículo que a abalroou, conforme foi depois apurado, perdeu a direção por ter entrado na curva em velocidade excessiva, chocou-se contra um barranco e voltou-se para a pista, indo colher o carro de Norma na parte frontal esquerda, quase de frente, jogando-o assim para a sua direita e o fazendo parar fora da estrada, no meio do mato. Pelo ângulo da colisão entende-se por que Norma, que vinha ao volante, ficou tão violentamente presa às ferragens de seu carro. Deve-se, entretanto, observar, não obstante a gravidade do acidente, que a coisa foi menos pior do que se a colisão se tivesse dado por um ângulo totalmente frontal, situação em que a desaceleração imediata deixaria poucas chances para que alguém sobrevivesse.

A parte mais atingida do corpo de Norma foi a perna esquerda, com fraturas de fêmur e tornozelo. Foi justamente nessa perna que o breque de mão ficou totalmente atravessado, tendo custado tanto tempo para que os policiais a removessem dali. Na verdade, o ferro do breque acabou sendo levado também para o hospital dentro do corpo de Norma, já que tentar tirá-lo traria um enorme risco de uma hemorragia incontrolável. Ao mesmo tempo em que aquele ferro havia causado uma grave lesão, ele próprio estava servindo para estancar o sangue, como se fizesse um tamponamento.

Além das fraturas e ferimentos na perna esquerda, Norma também quebrou um dos braços e sofreu cortes na cabeça. Durante aquela mais de hora e meia, consta, os policiais iam enxugando o sangue que lhe corria pelo rosto, enquanto ela repetia:

– E o Rafael? E a Paula? Onde eles estão? O que foi feito de minha filha e de meu neto?

Mas os homens limitavam-se a responder...

– Tenha calma! Tudo vai acabar bem!

Adiantando-me, tanto Paula como Rafael puderam ser retirados pela porta. Não ficaram, como Norma, presos a nada. A moça foi quem teve melhor sorte. Sofreu apenas hematomas e escoriações, tendo ficado internada por apenas dois dias, muito mais para ser observada. Já o garoto esteve perto do pior. A pressão que ele sofreu entre o cinto de segurança e o corpo da mãe, conforme expliquei acima, custaram-lhe uma séria lesão na região do fígado, justamente onde o cinto mais o comprimiu, e que lhe impôs nada menos do que 19 dias na UTI.

Voltando a Norma, após o trabalho dos policiais, ela foi removida para a Santa Casa mais próxima, onde foi atendida e internada, sendo sedada para a remoção das ferragens e redução das fraturas, vindo a acordar apenas três dias após o acidente. Àquela altura, Paula já havia recebido alta e pôde estar com a mãe, mas Rafael se encontrava na UTI e nada era capaz de convencer Norma de que o neto estivesse vivo.

> Eles não levavam o garoto até a mim. Nem podiam, é lógico. Diziam apenas que ele estava no hospital, mas que estava bem. Mas eu não conseguia acreditar. Se eu, adulta, estava daquele jeito, o que teria sido de um menino tão pequeno, uma frágil criança, após aquele horrível acidente? Além disso, por que não o traziam para que eu o pudesse ver? Ele certamente devia estar morto e a culpa era minha! A culpa era toda minha!!!

Pegando esse gancho, ainda que alterando um pouco a sequência cronológica dos fatos, indaguei de Norma se ela, mesmo hoje, sente-se de alguma maneira culpada pelo acontecido, ainda que já tenha ficado comprovado, inclusive via confissão, que a culpa do acidente foi toda do motorista do outro carro...

Após alguns dias internada na Santa Casa, crendo piamente que o neto houvesse falecido no acidente, Norma foi informada de que contraíra uma infecção hospitalar e agora corria o risco de ter que amputar a perna ferida. Neste momento só restou-lhe pensar que havia sido abandonada por Deus.

> Muitos dias já haviam se passado desde o acidente e, por mais que eu pedisse, nada de levarem o garoto para que eu o pudesse ver (hoje eu sei que Rafael ficou 19 dias só na UTI). Limitavam-se a dizer que estava tudo

Depois daquela curva

bem com ele. Chegaram a trazer uma foto sua para pôr na mesinha de cabeceira que havia no hospital, o que me pareceu mais um indício do quanto eu imaginava. Tudo, afinal, levava a crer que o pior havia ocorrido e que, considerando meu estado, tentavam me poupar daquela dor. Foram dias horríveis. Às vezes chegava a insistir com Paula e com os outros para que me dessem logo a notícia e me livrassem daquela tortura que era não ter a certeza.

Mas finalmente Rafael pôde deixar o hospital e, no mesmo dia, ainda que se encontrasse bastante abatido e com as marcas da cirurgia que tivera que enfrentar, levaram-no à presença de Norma para que ela o visse. Indaguei-lhe, nessa altura de nossa entrevista, sobre como ela se sentira quando enfim o vira ali na sua frente. Mas confesso que me arrependi por fazê-lo... Norma simplesmente não conseguiu responder. Após longos e arrastados segundos de silêncio, ela chorou copiosamente, decerto revivendo em sua mente toda a emoção que vivera naquela cena. Em meio às lágrimas, murmurou apenas...

– Ele estava vivo... Isso era tudo o que importava... Ele estava vivo! Machucado, mas vivo! Graças a Deus!!!

Vencida a tortura que fora aquele mês de incerteza, finalmente os médicos trouxeram a Norma a notícia de que sua evolução havia sido extremamente satisfatória. A possibilidade de amputação da perna estava totalmente descartada.

> Finalmente Deus mostrou-me que estava do meu lado!
> Eu jamais perdi a fé e ele não se esqueceu de mim!...

Tão graves foram as lesões que Norma sofreu na perna esquerda, somando-se ainda o problema da infecção, que no total ela permaneceu três meses internada, passando ainda por outros três em que foi obrigada a fazer retornos constantes para efetuar terapias e avaliações. Ademais, mesmo depois de ter voltado para casa, sua recuperação foi extremamente lenta. A princípio mal conseguia sentar-se na cama. Depois de um bom tempo, lançou mão da cadeira de rodas. Daí foi para o andador, e em seguida para as muletas. Ela praticamente precisou reaprender a utilizar aquele membro tão traumatizado. Divertida, ela diz:

> A única fase que fiz questão de pular foi a da bengala. Eu já estava farta daquilo. Queria andar sem depender de nada. Se virasse o pé e piorasse, paciência... Eu queria era poder andar e pronto!

Pouco a pouco, Norma foi se recuperando e revitalizando a sua perna esquerda, utilizando-a com cada vez mais destreza. No total, já teve que passar por quatro cirurgias e ainda enfrentará uma quinta. Contudo, seu progresso tem sido bastante recompensador. Excetuando rampas e escadas, que às vezes ainda lhe custam um esforço um pouco maior, ela praticamente já caminha com total normalidade.

Com o progresso logrado em sua recuperação, Norma foi aos poucos retomando sua vida normal. Ainda que no

Depois daquela curva

começo ela estivesse sempre acompanhada em suas atividades, o estresse pós-traumático consequente do acidente foi então se fazendo notar.

É claro que eu ainda nem pensava em voltar a dirigir. Minhas condições físicas ainda estavam longe de permiti-lo. Assim, eu voltei a andar de carro apenas com outras pessoas dirigindo, quase sempre meu ex-marido. Mas eu fui percebendo que me sentia muito assustada. Bastava um carro passar mais perto de nós e eu já gritava e pulava, tapava as orelhas e me encolhia toda, como se um outro acidente fosse acontecer. É impressionante como os sentimentos que surgem nestas situações são reais. O que eu sentia era real. Por mais que meu ex-marido fosse cuidadoso, eu estava sempre pedindo que andasse mais devagar e que tomasse cuidado. Racionalmente sabia que meus sobressaltos não tinham nenhum fundamento, que não havia perigo iminente naquela situação, mas não havia como controlar...

Logo ficou claro, mesmo para mim, que aquela experiência, e nem poderia ser diferente, havia mexido muito com minha cabeça. Eu agora estava sempre assustada, sobressaltada, nervosa ou irritada, sobretudo, mas não apenas, quando andava de automóvel. E mais: comecei a ter problemas de insônia ou de agitação durante o sono. Estava aos poucos me tornando uma pessoa tensa.

Naquela fase, a única coisa que eu podia fazer para aplacar a minha crescente ansiedade quando andava de carro era entreter-me com algo. Logo, e infelizmente, percebi que comer era o que mais se ajustava a essa função. Às vezes íamos viajar e eu simplesmente comia o tempo todo, sem parar um minuto. A consequência óbvia disso não tardou a se fazer notar... Engordei cerca de 20 quilos!

O que Norma nos conta é suficiente para nos certificarmos de que ela, realmente, tem estresse pós-traumático. Em seu caso os sintomas surgiram logo após o seu restabelecimento físico. Porém, os sintomas, em algumas pessoas, podem surgir com uma distância maior entre o trauma motivador e o início do transtorno.

Eu sabia que precisava de alguma forma superar aquilo. Senão, como é que poderia pensar em voltar a dirigir? Eu sentia medo, é claro, e por conta disso evitava entrar em qualquer situação que me exporia a ter que dirigir, mas sabia que em algum momento teria que tentar. A direção havia sido uma conquista importantíssima para mim e eu não podia deixar tudo se perder por causa daquele acidente. Algumas pessoas – e sempre há alguém assim por perto! – diziam que era uma loucura voltar a dirigir e que eu nunca mais iria pensar nisto após tudo o que se passou. Mas eu jamais concordei ou aceitei. Sabia que teria que vencer aquele trauma e sempre acreditei que conseguiria.

Depois daquela curva

A grande diferença, que percebemos em consultório, entre o estresse pós-traumático e a fobia é que a pessoa que sofre deste primeiro transtorno nos fornece o diagnóstico fechado acerca de seu problema e o fóbico chega até o consultório sem conseguir localizar as causas de sua fobia.

Decidida a resolver seu problema, Norma veio à Clínica Escola buscar ajuda especializada para seu caso. A primeira coisa que observamos foi sua dificuldade para andar e como não poderia deixar de ser foi questionada acerca do fato e a pergunta seguiu-se com o relato do acidente que o leitor já conhece. A angústia apresentada enquanto o acidente era relatado era imensa e o choro incessante. Norma revivia, a cada frase, o acidente, e isso nos levava a ter maior certeza do diagnóstico de estresse pós-traumático.

Com seus dados em mãos, planejamos sua terapia, mas não antes de nos certificarmos que ela, realmente, estava liberada pelo médico, pois não queríamos que sua perna ficasse ainda mais afetada com os movimentos de pedais.

Como qualquer outro transtorno ansioso o estresse pós-traumático é tratado com técnicas específicas e uma delas, a terapia de enfrentamento, se faz necessária e demonstra resultados positivos.

Já era esperado que Norma apresentasse grande ansiedade quando fosse realizar sua primeira sessão de enfrentamento. Ela sabia que seria um degrau a subir na direção de sua cura. Noite de sono maldormida, recordações sobre o acidente e uma enorme angústia ao cumprimentar sua terapeuta. Mais um passo importante estava sendo dado: ela,

Dirigir sem Medo

apesar do sofrimento, estava ali. Pronta para abraçar sua terapia.

Ao ser colocada no primeiro enfrentamento, apresentou grande número de sintomas físicos e chorou muito. No que se relacionava ao conhecimento técnico do veículo não tinha nenhuma dificuldade. As exposições, como para qualquer outro transtorno relatado aqui, eram gradativas e íamos a cada uma delas reforçando os comportamentos e mostrando para Norma que ela era capaz de realizar cada uma das tarefas impostas com menos ansiedade.

O portador de estresse pós-traumático deve sempre procurar um especialista para orientá-lo. Há, contudo, a possibilidade de se realizar algumas das técnicas sem a presença de um terapeuta ou médico. Porém, é importante lembrar que, muitas vezes, os sintomas apresentados podem ser um risco para a atividade que está sendo realizada. No carro não pode haver sobressaltos, não é possível soltar as mãos do volante, tapar os ouvidos ou fechar os olhos. O indivíduo exposto ao trânsito deve ter controle total da máquina para que o ato de dirigir não se torne um risco.

O tratamento do estresse pós-traumático ligado a um automóvel deve ser muito bem orientado e monitorado. Os enfrentamentos devem ser bem escalonados para que a pessoa não amplie sua carga de angústia. Assim, não é recomendado que o indivíduo faça, sozinho, seus enfrentamentos.

Norma foi ensinada, ainda, a respirar profunda e controladamente, e a realizar, quando achasse necessário, um relaxamento muscular que consiste em tensionar e relaxar os

Depois daquela curva

grupos musculares. No carro, os principais grupos que trabalhamos são os dos braços, pernas e pescoço.

À medida que a ansiedade diminui, o trauma perde sua força. Assim, a terapia funciona como meio para que a pessoa restaure o senso de controle que tinha antes do acidente, acredito que ela sempre levará consigo a lembrança, porém, sem interferir no seu comportamento.

Além da terapia individual no carro, encaminhamos Norma para as sessões de Terapia em Grupo, com o objetivo de proporcionar-lhe alívio, trocando experiências com outras pessoas.

> Achei fascinante a experiência da dinâmica de grupo. É impressionante como faz bem para a gente poder trocar ideias e experiências com pessoas que têm problemas iguais ou semelhantes aos nossos! Além disso, bastaram algumas sessões para que eu recuperasse a confiança em dirigir. Logo já voltei a pegar o carro sozinha e não demorou para que eu voltasse inclusive a trafegar por estradas.

Algo que atesta veementemente a recuperação de Norma é o fato de ela hoje dirigir com frequência, levando seu neto Rafael no carro. A única, e importante diferença é que seu automóvel já não é uma *pick up*, e ela agora o transporta apenas no banco traseiro, sempre utilizando cinto de segurança. O fato de ela ter voltado a dirigir normalmente por estradas, inclusive às vezes pela mesma estrada em que sofreu o acidente, igualmente corrobora no mesmo sentido. Sua confiança foi de fato readquirida plenamente.

Há apenas um fato que ainda causa para Norma um certo incômodo. Estamos começando a trabalhar agora nesse último detalhe...

> Realmente. Ainda hoje tenho uma sensação ruim quando vejo um automóvel da mesma marca daquele contra o qual sofremos a batida. Se for da mesma cor, então, pior ainda... Com o tratamento, isto hoje está melhor. É algo que ainda me incomoda um pouco, mas não a ponto de impedir-me de sair por aí.
>
> Hoje em dia sinto-me ótima, tanto que, exatamente um ano após o acidente, cuidei de alugar uma casa na praia, e só não foi aquela mesma porque não estava disponível. Convidei as mesmas pessoas que iria convidar na primeira oportunidade, e lá passamos 15 deliciosos dias. Foi maravilhoso!

CAPÍTULO 8

Favor não me observar

A fobia social é um dos transtornos mais conhecidos. O que pouca gente sabe em relação ao assunto é a enorme quantidade de pessoas que sofrem deste tipo de problema.

Podemos dizer, definindo-a, que a fobia social é um quadro patológico de ansiedade que leva o indivíduo a temer situações nas quais tenha que se expor a outras pessoas, crendo, geralmente de um modo racionalmente infundado, que será negativamente avaliado e provavelmente ridicularizado em função desta sua exposição. É vista como uma timidez grave e interfere no funcionamento diário do indivíduo. Esta timidez é tão dolorosa emocionalmente que afasta estas pessoas do convívio social.

Deve-se observar que a fobia social pode ter níveis de severidade diferentes. Algumas pessoas apresentam sintomas

Dirigir sem Medo

ou comportamentos que podem e devem ser classificados como fobia social, mas que não chegam a atrapalhar suas vidas de maneira significativa. Outras têm sintomas que prejudicam e interferem em suas vidas.

É claro que, e isto vale também para os distúrbios de ansiedade em geral, muitas vezes o problema se torna mais ou menos grave em função do tipo de vida, social ou até profissional, que o paciente leva. Exemplificando, um homem que tenha pavor de elevadores provavelmente não terá problemas em razão disto se for um fazendeiro que raramente vai a uma cidade grande onde haja edifícios e, portanto, elevadores. Contudo, caso ele tenha fobia a cavalos...

Entendido isto, possivelmente o leitor esteja se perguntando... Mas o que é que a fobia social tem a ver com medo de dirigir? Pode ter, e muito. Dirigir exige de qualquer pessoa contatos sociais e exposição. O condutor de um veículo interage com outros condutores, com pedestres, com policiais etc. Este motorista precisa tomar muitas atitudes em função dos fatores externos e está sujeito a observações e críticas de todos os que com ele interagem. O que dizer dessa situação sendo vivenciada por um fóbico social? Para este último, parar de dirigir não está diretamente ligado ao ato e sim às situações que possam advir do dirigir. Gisele, a cliente de quem falarei agora, passou por esses conflitos.

Desde menina, quando ainda sequer imaginava que existisse o termo "fobia social", eu sempre me percebi como uma pessoa muito tímida. Nunca tive amigos. Dificilmente saía de casa se não fosse para ir à escola,

Favor não me observar

onde praticamente não falava com ninguém, como, aliás, ainda ajo em meu trabalho. A pouquíssima vida social que eu tinha constituía-se das oportunidades em que acompanhava minhas irmãs (tenho duas irmãs e quatro irmãos) a algum lugar. Elas eram praticamente as únicas pessoas com quem eu conversava e, mesmo assim, eu pouco lhes falava de minha intimidade, de meus sentimentos.

Quando utilizamos as expressões "falar em público" eu "expor-se a outras pessoas" não podemos deixar de considerar uma certa flexibilização no significado de ambas. Para alguns "falar em público" pode requerer uma multidão, para outros bastam dois ou três ouvintes. Em "expor-se a outras pessoas" geralmente pode-se imaginar que se fala de pessoas estranhas, mas para alguns, dependendo da severidade da fobia, pode significar até parentes próximos ou colegas de trabalho. Em linhas gerais, a fobia social tende a ser mais rígida quanto menor for a intimidade entre o paciente e as pessoas que com ele interagem na situação específica. No caso de Gisele, vemos que ela, mostrando já um quadro de fobia social desde muito jovem, praticamente não tinha intimidade com ninguém fora de sua família, e mesmo lá aquela era restrita.

Ainda que a escola, como é normal na infância e adolescência, fosse minha única atividade, aquele meu jeito de ser começou a causar-me problemas... Em uma sala de aula, sobretudo no ginásio, é comum que o professor

Dirigir sem Medo

esteja o tempo todo interpelando os alunos, até como maneira de fazê-los participar das exposições. Aquilo era um verdadeiro terror para mim. Sempre que um professor me abordava com alguma pergunta ou solicitação de opinião eu simplesmente travava. Meu coração disparava, eu enrubescia e o suor abundava. Era uma sessão de tortura. Além disso, passado aquele momento, eu sempre ficava com a sensação de que só havia falado besteiras e de que os outros iam depois comentar a respeito e provavelmente zombar de mim.

Com o passar do tempo, alguns professores que eram mais inteligentes ou sensíveis perceberam o meu problema e passaram a me poupar daquelas situações, o que me deixava extremamente grata, ainda que hoje eu perceba que isto provavelmente não tenha sido bom para mim. Se eu tivesse sido mais forçada a enfrentar aquele meu bloqueio talvez a coisa não tivesse chegado ao ponto que chegou em minha vida. Talvez...

Aproveitei a oportunidade e perguntei a Gisele sobre sua vida amorosa, já que esta é uma das situações que causa mais ansiedade ao fóbico social.

É claro que já me apaixonei algumas vezes, afinal já tenho 40 anos. Todavia jamais revelei a ninguém esse tipo de coisa. Nem às pessoas por quem me apaixonei, nem a ninguém. Foi outra daquelas coisas que eu sentia que simplesmente não eram para mim. Jamais tive nenhum relacionamento ou namoro.

Gisele é uma mulher de ótima aparência. Ademais, por baixo do véu que a sua timidez fóbica lhe veste, há uma pessoa extremamente educada e inteligente. Certamente muitos homens já devem ter por ela se interessado...

> Sim, já aconteceu. Mas, igualmente, jamais dei a nenhum deles qualquer chance de aproximação. Eu cuidava logo de pulverizar a coisa antes mesmo de ela ter qualquer possibilidade de acontecer.

Como vimos, evitar os contatos sociais é uma alternativa, quase que a única, para os fóbicos sociais. Em meu primeiro contato com Gisele ela era simplesmente incapaz de olhar nos meus olhos enquanto falava, ou melhor, murmurava a sua história. De qualquer forma, creio que fica claro para o leitor, pelas palavras acima, o quanto o fóbico social sente um medo profundo da rejeição. É para ele preferível não tentar a correr o risco de não ser bem-aceito. E isso vale não apenas para a questão afetiva, onde a ideia da possibilidade de rejeição parece estar ainda mais presente, mas para todas as áreas da vida, inclusive o dirigir. Afinal, no que quer que estejamos atuando estamos sempre em contato e intercâmbio com nossos semelhantes, e sempre corremos o risco de ser melhor ou pior aceitos, melhor ou pior compreendidos em cada diferente situação que se apresenta. É algo que é, naturalmente, inerente à nossa existência e de que não temos como fugir.

> Minha mãe, com quem vivo até hoje (apenas ela e eu), sempre foi mais ou menos como eu. Quase nunca faz

amizade com ninguém e dificilmente sai de casa. É praticamente reclusa, a ponto de os vizinhos chegarem a comentar a respeito. Meu pai (falecido há seis anos) era justamente o oposto... Sociável, brincalhão e cheio de amigos. Nós, os filhos, seguimos mais ou menos essa tendência, sendo, assim, os homens mais descontraídos que as mulheres. Contudo, mesmo minhas irmãs não sendo tão comunicativas ou de fácil sociabilidade como meus irmãos, nunca chegaram, nem de longe, a ter os tipos de problema que eu tive, tanto que ambas sempre tiveram amigos, namorados e já estão casadas e com filhos.

A Psicologia Comportamental dá grande importância para o papel da aprendizagem na formação de um indivíduo, e um dos pontos interessantes da aprendizagem humana é que parte dela é aprendida por meio de modelos. Todos nós, durante a vida, escolhemos a quem seguir ou a quem não seguir. Analisando o caso de Gisele, podemos perceber que ela e suas irmãs apresentam características comportamentais da mãe, tendo sido, cada uma delas, com certeza, reforçada para tal. O leitor pode me perguntar: fobia social se aprende? Minha mãe é como a mãe de Gisele e eu não tenho fobia alguma.

É claro que isso pode acontecer, obviamente há um componente de aprendizagem no que diz respeito a alguns comportamentos característicos da fobia social, mas mais do que isso há a predisposição orgânica de cada indivíduo para que ela se desenvolva.

Perguntei a Gisele a respeito da vida social dentro da sua casa. Afinal, trata-se de uma família grande e haveria de ter algum movimento...

> Sim, o movimento era grande. Sobretudo, enquanto meu pai era vivo, o pessoal se reunia muito lá em casa. Mas eu não conseguia participar e acabava me recolhendo ao meu quarto... Novamente aquela coisa: eu queria, mas não conseguia participar... Quanto a festas, jamais comemorei meu aniversário. Tampouco compareço a nenhum outro, nem de meus irmãos ou irmãs, ainda que eles estejam sempre me convidando. Quanto ao natal, costumo passar em casa com minha mãe. O pessoal sempre chama para a gente se reunir, mas sabe como é... Eu sinto aquela coisa estranha... Prefiro ficar com minha mãe.

É de se supor que Gisele tenha enfrentado dificuldades também no que tange à sua vida profissional, na medida em que procurar um emprego significa necessariamente enfrentar entrevistas ou, no mínimo, conversas, o que, conforme já pudemos perceber, seria para ela algo bastante difícil. Contudo, circunstâncias conspiraram para que ela fosse encaminhada para o trabalho que mantém até hoje sem ter que passar por isto. Tendo se formado como técnica em contabilidade, foi encaminhada pelo colégio onde havia estudado para um emprego. No que se refere ao curso superior, o qual sempre teve como um sonho, conseguiu chegar ao segundo ano, mas a exposição pessoal a fez, mais uma vez, desistir.

Dirigir sem Medo

Em seu ambiente de trabalho, ainda que já lá esteja há anos, Gisele se comporta praticamente da mesma maneira que fazia na época escolar...

Fico sempre "na minha". Dificilmente converso com os colegas de trabalho ou com quem quer que seja. Alguns pessoas, percebo, chegam a achar que sou do tipo "nariz empinado"... Às vezes gostaria de lhes dizer: "Olhem, eu sou fóbica, e não fresca!" Noutra oportunidade, apenas para ilustrar um pouco mais minha história, passei por uma situação em meu ambiente de trabalho que foi bastante difícil para mim...

Era fim de ano e foi organizada a brincadeira do amigo secreto. Ainda que eu tivesse preferido não participar, não tive como me esquivar. No dia da entrega dos presentes, creio que véspera ou antevéspera de natal, teve aquela coisa de cada um imitar a pessoa a quem iria presentear. Todo mundo estava animado e ria-se muito a cada imitação. Contudo, eu fui ficando cada vez mais tensa, antevendo que não conseguiria fazer aquilo quando chegasse a minha vez. E não deu outra... Tive enfim de entregar o meu presente e não fui capaz de fazer a imitação. Simplesmente fui direto à pessoa que eu havia tirado e entreguei-lhe o pacote. Como consequência tomei uma vaia geral. Senti-me péssima... Uma perfeita idiota!

Ocorreu-me perguntar a Gisele como é que a pessoa que a havia tirado no amigo secreto a imitou...

148

Favor não me observar

Ela a rigor não me imitou, mas disse... "Vou falar sobre minha amiga secreta... Quando eu cheguei aqui achava que eu era muito tímida, mas vi que nem tanto, pois conheci alguém que sem dúvida é muito mais tímida do que eu... Essa é a minha amiga secreta. Aliás, ela é tão quieta que nem tenho como imitá-la!" E aí todos já sabiam que era eu quem ela havia tirado.

Parece estranho, mas mesmo que eu sempre faça de tudo para passar despercebida, quando entro em algum ambiente, sempre tenho a nítida sensação do contrário. Muitas vezes chego a desejar que as pessoas soubessem de antemão da minha condição e me poupassem de qualquer observação e abordagem. Se tivesse coragem, acho que escreveria na minha testa...

"FÓBICA SOCIAL – FAVOR NÃO ME OBSERVAR OU VIR PUXAR ASSUNTO!" Pronto! Aí estaria tudo resolvido!

Diante de todos os relatos de Gisele e imaginando seu sofrimento perguntei-lhe se já procurara algum tipo de ajuda profissional...

Aos 23 anos, já bastante cônscia do sofrimento que aquele modo de ser me causava, decidi procurar um psicólogo. Contudo, vi-me diante de um enorme dilema... Um trabalho de terapia em consultório não faz sentido se você não consegue se expor diante de seu terapeuta, e eu absolutamente não o conseguia. Ainda que ele tivesse compreendido bem o meu problema e fizesse o

Dirigir sem Medo

máximo que estava ao seu alcance para que eu me sentisse à vontade, o trabalho não se desenvolvia porque eu simplesmente travava. Aos poucos, aquilo que eu havia buscado para tentar ajudar a mim mesma ia se tornando uma tortura. Então, desanimada, desisti.

Há três anos procurei ajuda novamente e fui a um psiquiatra. Não foi uma boa experiência e também abandonei o tratamento.

Apesar de não ter dado seguimento aos tratamentos que procurou, Gisele sabe que o mais importante em um processo terapêutico é que só existe melhora se o paciente estiver disposto a se expor ao profissional, bem como a realizar o que ele orienta.

Quando procurou a minha Clínica, ela o fez por apresentar uma vontade muito grande de resolver ao menos um aspecto de sua vida: dirigir. Um dos fatores que pode ter feito Gisele se tranquilizar ao buscar nossa ajuda é o fato de que iríamos apenas mudar seu comportamento de não dirigir e não mexer em outros aspectos da vida, o que faria deste processo terapêutico mais uma tortura.

O leitor já sabe que nosso cliente é atendido no carro e que, para isso, precisa dominá-lo. A atenção voltada para o domínio da máquina e para as instruções verbais do terapeuta, apesar de provocar certa ansiedade, tranquiliza nossos clientes no que se refere à discussão de outros assuntos, e permite que ele estabeleça uma relação leve e sem "obrigações" com seu terapeuta. Aos poucos, conforme o dirigir vai deixando de ser o problema central, o cliente vai se expondo pessoalmente e permitindo que seu psicólogo atue de forma gradativa em outros aspectos da sua vida.

Não sei se a hipótese que levantei acima foi realmente o fator que a motivou a vir até nós, mas sei que o resultado que relatei foi alcançado. Hoje ela está muito diferente! Para situar o leitor, pedi a Gisele que me falasse sobre a decisão de tirar a CNH.

> Foi em 1997, quando o Código Nacional de Trânsito iria sofrer uma reformulação total. Pensava-se que a partir de então seria muito difícil obter uma CNH. Foi uma grande corrida às autoescolas, e motivada por isto resolvi tirar a minha. Foi muito sofrido tomar a decisão, bem como passar por suas consequências: aulas e avaliações. Os exames, como todas as situações em que estou sendo observada e, principalmente, avaliada, foram muito angustiantes, quase que insuportáveis. Passei no terceiro deles.

Sobre o medo de dirigir, ela relata:

> Sei que poderá parecer estranho, ou mesmo inconcebível, para quem ouvir a minha história sobre "medo de dirigir"... É que na verdade nunca tive realmente medo do ato de dirigir em si. O que sempre temi foram algumas situações que certas eventualidades do cotidiano de um motorista poderiam levar-me a ter que enfrentar. Exemplificando, eu tinha muito medo de sofrer um acidente, não pelo receio de me ferir ou mesmo de morrer,

Dirigir sem Medo

mas de ter que me justificar diante dos outros se fosse eu a culpada... Se eu batesse no carro de alguém e esta pessoa viesse me xingar ou tomar satisfações eu certamente entraria em desespero. Sempre fiquei antecipando este tipo de coisa em minha mente... Igualmente terrível seria se o carro sofresse uma pane... Como é que eu iria pedir ajuda? Cheguei, anos atrás, a, pensando nisso, procurar um curso de mecânica... Calculei que se eu própria soubesse lidar com o motor de um carro, aquele pavor diminuiria, mas não tive muito sucesso no curso... Outro motivo de medo era a possibilidade de eu ser parada pela polícia em alguma blitz... Se um policial me abordasse e pedisse meus documentos, creio que ficaria tão desesperada que ele decerto pensaria que eu pudesse ser uma traficante ou qualquer coisa assim... Imaginar tudo isso me apavorava demais...

Nosso trabalho com Gisele constituiu, inicialmente, em retomar o aprendizado dos mecanismos do carro, passando esse a ser nosso aliado desde a primeira sessão. Com a atenção totalmente voltada para comportamentos concretos, ela pôde suportar o primeiro encontro e voltar para a segunda sessão. Entre nós, psicólogos, costumamos dizer que o grande objetivo da primeira sessão é fazer com que o cliente volte na segunda. Resta dizer a você, leitor, que conseguimos!

Lembro-me que Gisele, quando veio nos procurar, apresentava um outro comportamento típico dos fóbicos sociais: além de não olhar, ou quase não olhar, nos olhos de

Favor não me observar

seu interlocutor durante uma conversa ou tentativa de conversa, ela sentia uma dificuldade enorme em se despedir. Falar "tchau" ou trocar beijos no rosto são, ou eram até bem pouco tempo atrás, coisas complicadíssimas para ela. Com efeito, por várias vezes, mal chegava o fim de uma sessão e ela já ia tirando o cinto de segurança e descendo do carro sem se despedir ou dizer qualquer coisa ao psicólogo, muitas vezes antes mesmo de o carro estar sequer estacionado. Eu própria muitas vezes tinha que segurá-la, dizendo: "Ei! Calma! Aonde é que você vai com tanta pressa?"

Com o passar do tratamento, comportamentos desse tipo foram diminuindo.

Tendo começado a participar dos trabalhos realizados na Clínica, tive a grata surpresa de deparar-me com circunstâncias mais amenas do que aquela que eu mentalmente antecipava, sobretudo pelo fato de que pude intercambiar com pessoas que tinham problemas semelhantes aos meus. Com efeito, acredito que as terapias de grupo, ainda que eu traga comigo essa coisa da dificuldade de me comunicar, foi, ao menos para mim, o ponto forte do tratamento. Eu até então achava que era a única no mundo a sentir os medos que sentia e, todavia, eu agora tinha que não. Havia pessoas com problemas extremamente semelhantes aos meus e profissionais que sabiam compreender estes problemas. Creio que foi a primeira oportunidade em minha vida em que senti menos vergonha de mim.

Dirigir sem Medo

Além da terapia individual no carro, Gisele participou de sessões de Terapia de Grupo para fóbicos de volante.

Nas Clínicas, os grupos têm como principal função trabalhar a ansiedade que surge em relação a dirigir; alívio de sintomas; alteração do comportamento específico; treinamento de habilidades sociais e promover um espaço onde seja dada uma fonte adicional de reforçamento positivo social.

Sair de casa e vir até a clínica a fez enfrentar os meios de condução coletiva e outras pessoas. Chegar até nós a obrigou a se relacionar com pessoas desconhecidas e, mais do que isso, revelar seus conflitos. Exercitou o contato com diferentes pessoas: recepcionistas, psicólogos, clientes... e pôde, por meio de experimentação, perceber que podia oferecer aos outros contatos agradáveis.

A evolução de Gisele foi, cronologicamente, rápida. E o trabalho, um sucesso.

Três meses após o início do treinamento Gisele levantou algumas economias que tinha no banco e comprou um carro, o que atestou com veemência sua superação, que tem sido motivo de orgulho para todos nós.

Orgulha-nos igualmente, como já mencionei em outros casos, perceber que o trabalho que temos desenvolvido acaba por ir além do nosso objetivo de fazer com que o paciente supere seus bloqueios relativos ao volante. No caso de Gisele, sobretudo, como já se disse, em função da terapia de grupo, ela tem mostrado um gradativo progresso em todos os campos de sua vida pessoal.

Favor não me observar

As pessoas com quem convivo, principalmente em meu ambiente profissional, têm de fato comentado que eu estou mudada, menos fechada e mais participativa. É claro, bem sei que ainda estou longe de ser como realmente gostaria de ser. Ainda falta muito para que eu possa dizer que sou uma pessoa aberta e expansiva. Muita coisa ainda me assusta. Mesmo quando dirijo, ainda às vezes fico imaginando coisas que podem acontecer e que me trazem muito medo...

Aprendi, entretanto, a lidar com isto. Ainda que reste em mim, não nego, muito receio, já não deixo de dirigir por causa disso, o que creio já ser um grande progresso. Há muito a caminhar nessa vida, e sei que é preciso dar um passo por dia. Gostaria de ser, como disse, aberta, expansiva, confiante, pois acho isto uma coisa muito bela, principalmente em uma mulher. Admiro as pessoas que são assim. Quem sabe um dia eu consiga chegar lá... Para muitas coisas sei que já está tarde, mas para muitas outras talvez ainda haja tempo...

Gisele é uma cliente por quem tenho um carinho bastante especial, sobretudo por eu ter, após esses quase dois anos de trabalho, descoberto por trás de sua armadura defensiva uma pessoa extremamente sensível e inteligente. Seu caso trouxe-nos muito aprendizado acerca do problema da fobia social, que, se já sabíamos, conforme expliquei, ser algo comum, não havíamos em verdade concebido poder chegar ao nível que vimos em Gisele. Por isso mesmo temos comemorado juntas cada um desses passos que ela tem dado a

Dirigir sem Medo

cada dia, e quero, particularmente, mostrar-lhe que há algo em que ela está equivocada... Tirante as limitações que nosso corpo naturalmente nos vai impondo em função do tempo, nunca é tarde para nenhuma realização. Pouco importa se a maioria das pessoas faz determinada coisa em certa época ou com certa idade. Cada um tem a sua hora para cada coisa, e nunca é tarde para sonhar ou realizar.

CAPÍTULO 9

Alcançando o sonho

É com extremo orgulho e satisfação que apresento este capítulo. Você conhecerá algumas das pessoas que passaram pelo tratamento por meio de suas cartas de alta. Essas cartas se tornaram importantes na clínica com o início da terapia em grupo. Foi a forma encontrada para dizer a todos o que havia se passado durante todo o tempo na clínica. São depoimentos únicos, ricos e sinceros. São lidos no último dia da terapia a todos os que estão presentes na sala e servem de apoio aos clientes de quaisquer estágios do tratamento.

E. – Unidade Barra/RJ

Diante de uma batalha diária vamos aprendendo a sobreviver perante a corda bamba que é a vida.

Aos 18 anos tirei minha carteira de habilitação, achando que seria uma excelente motorista; ledo engano, só

Dirigir sem Medo

vieram traumas. Começa aí uma *via crucis* de acidentes, traumas, cobranças etc. que só vieram contribuir para aumentar o medo de dirigir que, durante longos anos, me acompanhou.

Medo que parecia me paralisar. Logo eu, que sempre me achei tão forte! Eu não entendia tal medo. Ficava pensando: dirigir não é para mim, não vou conseguir. Ao mesmo tempo perguntava: medo de quê?

Um dia, tomei coragem e fui à Clínica Cecilia Bellina. Graças ao seu método de reconduzir ao trânsito, aos poucos, meu medo foi indo embora. A excelente equipe está sempre pronta a nos ajudar e isso é algo cativante.

Gostaria de dizer que é tão bom estar realizando algo que sempre quis. Mas a coragem é o que me faltava e ninguém podia dá-la a mim. O desequilíbrio me causava pânico, mas pensava que devia ser forte, corajosa. Embora o medo me paralisasse sabia que eu não devia ficar intacta diante dele e sim conhecer os limites que poderia romper diante dele. Enfrentei o medo, muitas das vezes com ajuda dos companheiros de grupo. Os encontros proporcionaram momentos que me levaram a perceber o quanto as perturbações e sentimentos ocupam o lugar em nossas vidas, transformando-se em personagem principal. Entre minhas aflições e sentimento de baixa autoestima, diante de fases que parecem nunca acabar, me sentia como se a própria vida tivesse escapado das minhas mãos.

158

Alcançando o sonho

Refleti, por incansáveis instantes, o quanto todos têm problemas e buscam soluções. Vi que a vida não é só feita de coisas ruins, e que mesmo com elas podemos ter motivos para sorrir, pois a perda, o medo e a fraqueza nos dão lições de vida.

H. – Unidade Belo Horizonte/MG

Quando comecei o tratamento, não concordava que tinha medo da direção. Aliás, tinha a certeza absoluta que eu não tinha esse problema. Acreditava que o mundo é que não conspirava ao meu favor, e acabei não conseguindo perceber que nem eu mesma o fazia.

Durante o processo senti emoções que nunca imaginei: medo pavoroso, euforia etc. Senti decepção por perceber minha incapacidade em executar uma ação tão simples para alguns e praticamente impossível aos meus olhos. E é exatamente por isso que fiquei extremamente alegre quando consegui perceber meu desenvolvimento e crescimento na direção, vendo que tal evolução se estendia, também, às demais áreas da minha vida.

Sentia tristeza quando cometia alguma falha (passar uma marcha errada, deixar o carro desligar etc.). Sentia necessidade de ouvir os depoimentos das participantes do grupo, quando estas começaram a receber alta.

Certo dia vivenciei um acidente que envolveu uma carreta e meu carro. Naquele dia senti que nunca mais pegaria em um volante. Mas algo dentro de mim começou a me incomodar imediatamente, como se me cobrasse uma atitude que me impedisse de desistir de todas as vitórias que eu havia alcançado até aquele momento. Essa sensação foi tão forte que, na mesma noite, tirei meu carro da garagem e fui dar uma volta. Mesmo com pavor de dirigir e sentindo-me insegura, tinha que verificar se algo havia mudado em meu desempenho e em tudo o que eu já havia aprendido e evoluído. Percebi, então, que nada havia mudado e que eu não merecia fazer tamanha covardia comigo mesma.

Daí em diante comecei a dirigir mesmo sem ter vontade, vencendo o medo que acabava de se instalar novamente, e a testar tudo o que eu vinha aprendendo durante o processo.

Hoje sinto que estou pronta e que talvez os vários obstáculos pelos quais passei durante o processo só fizeram amadurecer a motorista, a profissional, a mulher, a filha, a amiga e a pessoa que existe dentro de mim.

Este tratamento só foi positivo porque contei com o apoio de algumas pessoas: minha mãe e irmã que, praticamente, me obrigaram a fazer o tratamento; a psicóloga que me fez ver vitórias em situações que, para mim, eram verdadeiras derrotas; ao grupo que me acolheu com grande amor e carinho, fazendo-me compreender que eu não era a única pessoa que tinha medo de dirigir e que isso não me desmerecia em nada. Ele também me fez perceber a evolução mágica que o tratamento proporciona àqueles que conseguem se admitir enquanto alguém que tem um problema e precisa se tratar; aos

Alcançando o sonho

acompanhantes terapêuticos que com tamanha paciência, técnica, carinho e coragem me ensinaram tudo o que sei sobre direção, e que confiaram mais em mim do que eu mesma.

A todos vocês deixo aqui o meu muito obrigada!

K. – Unidade Belo Horizonte/MG

Gostaria de dizer aos que estão entrando na clínica e aos que estão ficando que não desistam deste sonho.

E foi exatamente isso que aconteceu comigo.

Tirei a minha carteira e depois criei um medo monstruoso de dirigir. Convivi com esse medo por seis anos, me sentindo incapaz e dependente do meu marido. Então resolvi procurar ajuda na clínica.

Não foi fácil, pois não acreditava que o tratamento fosse dar certo, até cheguei a pensar que estas cartinhas fossem forjadas; depois vi que poderia dar certo, mas mesmo assim era difícil crer que o meu medo de dirigir poderia acabar.

O tratamento foi excelente. As sessões de grupo são muito interessantes porque vemos que nossa dificuldade de dirigir não é vergonha e nem é só nossa. Lá compartilhamos experiências, felicidades e tristezas.

Depois de sete meses de tratamento me tornei uma nova mulher, e é assim que estou me sentindo. Independente, confiante e disposta a vencer novos obstáculos.

Dirigir sem Medo

Aprendi a errar e consertar sem me culpar, pois no trânsito não existe perfeição e tudo é muito imprevisível.

Quando entrei na clínica ficava comparando meu tempo de tratamento e meu desempenho com o dos outros, mas percebi que cada um tem seu jeito, seu modo e seu tempo de dirigir.

Meu medo de dirigir não foi embora, apenas rasguei sua fantasia de monstro e aprendi a controlá-lo. Posso dizer que hoje convivemos harmoniosamente.

Diante de toda essa transformação em minha vida, só tenho a agradecer a todos os envolvidos.

Sucesso a todos

S. – Unidade Vila Madalena/SP

Foram nove meses de gestação para que nascesse, enfim, uma motorista. Como uma mãe de primeira viagem, que se atrapalha nas primeiras trocas de fraldas, eu também ainda me atrapalho um pouco em algumas trocas de marcha, por exemplo. A habilidade para estacionar em qualquer vaga é outra que ainda está por vir. Mas não tenho mais dúvidas de que com o tempo e a prática ela também virá.

Deixar para trás o medo foi, sem dúvida, o maior ganho de todo este processo gestado por mim e cuidadosamente acompanhado pelos competentes profissionais da Clínica Cecilia Bellina, que já não tivesse este nome tão

Alcançando o sonho

apropriado poderia, tranquilamente, se chamar Maternidade de Motoristas.

Um lugar onde nascem pessoas mais fortes, mais livres,
mais aptas a seguir os seus caminhos com coragem e
determinação. Pessoas que aprendem a não temer os
buracos na estrada e a seguir em frente. Como na vida,
que não tem ensaios, dirigir também não, mas estar bem
preparada é fundamental. É impossível prever ou ante-
cipar o que virá após a próxima curva, assim como não
sabemos o que nos espera no dia seguinte, mas o bom é
compreender e aceitar que ficar parada também não nos
protege de absolutamente nada.

"A liberdade de um automóvel é bem melhor que uma
precaução."

S. – Unidade Vila Mariana/SP

Em junho deste ano estarei completando 20 anos de
minha primeira habilitação. Difícil acreditar que o
tempo passou tão rápido, enquanto eu comprava a
ilusão de que um dia, como num passe de mágica, eu
começaria a dirigir sem sentir as sensações que me inco-
modavam tanto.

Embora negando, eu tinha a consciência de que o que
eu sentia se chamava medo, mas esse não foi o sentimento com o qual mais convivi todos esses anos. O que
me causou sofrimento próximo da dor física era a vergonha. Nesse processo tive anjos que acompanharam

minha vida e que tornaram minha vida um pouco mais fácil. Apesar do relacionamento e gratidão eu sabia o quanto custava os sacrifícios que meu pai e irmãos faziam para me levar e buscar nos lugares, muitas vezes com pouco tempo ou até em horários inadequados. A lembrança desses tempos e de outras situações, como meu pai andando sob sol forte ou até chuva, enquanto eu estava em casa, com o carro parado na garagem, buscando justificativas para aliviar minha culpa, ainda é o sentimento mais doloroso desse tempo.

Procurei auxílio em diversos lugares, e tenho certeza de que todos tentaram me ajudar, mas em nenhum deles eu fazia o indispensável, que é confrontar a situação que causa fobia.

Quis o destino que a maldade de alguns me tirassem o conforto da minha casa e eu viesse a São Paulo, onde decidi colocar todas as minhas últimas esperanças no trabalho da Clínica. Juntei todo o restinho de coragem que me restava e me uni a um grupo fantástico de pessoas muito especiais.

O contato e a exposição das minhas fraquezas para um grupo só de mulheres foi inicialmente assustador, mas com o tempo fui conhecendo cada uma, e confesso que até caprichava um pouco mais na narração das minhas aventuras para impressionar minhas colegas de terapia. Grande parte dessa vitória eu devo à força que recebi desse grupo de guerreiras com quem convivi por esses meses. Como muitos, eu entrei pensando que a terapia

Alcançando o sonho

de grupo seria dispensável, mas hoje eu vejo como imprescindível.

A exposição aos fantasmas da minha imaginação através das aulas de carro foi, sem dúvida, a parte mais difícil. Desde as gloriosas duas voltas no quarteirão até as aulas finais foram batalhas diárias vencidas uma a uma. Cabe aqui o agradecimento especial a todos os At's que me acompanharam nesse processo. Muito mais importante do que o indiscutível conhecimento técnico passado, foi a paciência e apoio fornecidos nos momentos em que eu me deparava com minha luta semanal contra o gigante do medo, que a cada semana foi perdendo forças.

Minha eterna gratidão ao trabalho das psicólogas, que com técnica e objetividade me fizeram enxergar não só o ato de dirigir, mas a própria vida como algo mais simples se conseguirmos afastar os pensamentos negativos de nossa mente. Meu agradecimento a psicóloga que me acompanhou, pois me ajudou a vencer o que era, até então, o maior desafio da minha vida. Digo com alegria que era o maior desafio da minha vida com dupla satisfação. Primeiro por ter alcançado meus objetivos e depois contemplando a beleza da vida que nos coloca sempre a frente de novos desafios. Como alguém postou com muita felicidade no *facebook*: "Você vai ser feliz, mas antes Deus vai te tornar forte".

É estranho perceber que embora eu já viesse pensando no que escrever nesse momento as lembranças e ideias que surgem agora são indescritíveis, como a alegria de minha mãe e meu pai ao me verem dirigindo e o sorriso de meus sobrinhos. Felizmente o "tio véio" agora pode visitar os sobrinhos queridos sempre que sentir saudades e fazer passeios juntos.

A todos os amigos e amigas com quem eu tive a felicidade de compartilhar esse trecho da minha caminhada, meu eterno carinho. Muito obrigado a todos que fazem parte desse maravilhoso trabalho. Muita força a todos os que continuam o trabalho ou até mesmo a quem curiosamente está lendo mais um depoimento.

Talvez eu esqueça alguns nomes, mas jamais esquecerei o olhar de cada um dos amigos que tive a honra de adquirir nesses últimos meses. Peço humildemente a intercessão de Nossa Senhora para que todos sejam abençoados e atendidos em suas necessidades. Muito obrigado a todos pela experiência em minha vida.

D. – Unidade Vila Mariana/SP

Um título? Vitória.

Clichê! Provavelmente tudo o que vou escrever agora já foi dito e soará totalmente clichê. Mas não importa. É a minha verdade e tenho o maior orgulho de contá-la, seja redundante ou não.

Apesar dos anos de jornalismo e da paixão pela escrita, confesso que a tarefa de contar o quão importante essa conquista é para mim não será nada fácil. É provável

Alcançando o sonho

que seja mais difícil do que dirigir. Aliás, provável não. Hoje, é certeza: Dirigir é mais fácil!

Mas, comecemos pelo começo. Quem se interessou por ouvir ou ler esta história muito provavelmente sabe o quão ruim é o medo de dirigir e o quão pior é ter que depender de caronas, ônibus e táxis para exercer o direito de ir e vir. Pois é com este cenário que começa minha historia.

O medo de dirigir fez com que eu tivesse meu primeiro carro apenas anos depois de tirar a carta de motorista. E o mesmo medo fez com que eu abandonasse o volante poucos meses depois.

Quase uma década sem dirigir e longe do volante se passaram entre os dois carros que tive até hoje. E, certamente, posturas e sentimentos referentes ao dirigir mudaram mais do que a lua nesses quase dez anos.

A história de retomar o dirigir começou com uma frase, uma sentença – sim, sentença do bem – soou mais forte e marcou minha mente. Disseram-me que dirigir um carro era dirigir sua vida.

Tenho total comando de minha vida, mas a verdade é que no momento que ouvi esta frase pela primeira vez passava por uma fase que a necessidade de transformação era latente. A vontade de dirigir renasceu. Poder dar o ar da minha graça onde e quando eu quisesse era tentador.

A vontade estava lá, mas a coragem era bem pequena, minúscula, quase inexistente. Tinha quase certeza de

Dirigir sem Medo

que nunca conseguiria estacionar, pegar as marginais ou dirigir à noite (coisas que, diga-se de passagem, eu não fazia quando tive o meu primeiro carro). Que bom saber que eu estava redondamente enganada!

O profissionalismo, a dedicação, a técnica e a gentileza que encontrei entre os profissionais desta Clínica ajudaram-me e foram fundamentais para que eu alcançasse meu objetivo.

A coragem aumentou e depois de muito treino e horas de conversa ela até deixou de ser importante. Não precisava mais da coragem, para sentar no banco do motorista, ela já tinha cumprido o seu papel.

Vontade e coragem devidamente utilizadas, surgiram quatro novos pilares: realidade, suavidade, necessidade e liberdade. É isso que dirigir representa hoje: sou motorista. Boa motorista. E posso dar o ar da minha graça onde e quando quiser!

Mais do que dirigir, as sessões em grupo e o fato de estar vencendo um obstáculo que parecia tão gigante foram extremamente importantes para a minha vida. Além de me colocarem nas pistas, acertaram em cheio o pino da minha autoestima levando-a lá para cima.

Obrigada por tudo o que fizeram, que eu um dia não acreditei que seria possível ser feito. E mais obrigada ainda pelo que eu sequer imaginava que iriam ajudar a melhorar na minha vida.

Alcançando o sonho

P. – Unidade Vila Mariana/SP

Durante 8 anos minha habilitação não era nada mais que um documento de identificação para apresentação em recepções de prédios comercias. Ao longo destes mesmos 8 anos, meu carro foi adotado pelo restante da família para os dias de rodízio. "Meu carro...", como podia chamar de meu algo com que eu mal tinha contato?

Às vezes era difícil definir o que era pior sobre essa situação: a falta de liberdade de locomoção numa cidade como São Paulo ou a falta de explicações convincentes para as perguntas constantes dos amigos e conhecidos sobre o porquê eu não dirigia se eu até mesmo tinha um carro... Depois de alguns anos, acho que a maioria daqueles que perguntavam incessantemente sobre quando eu ia começar a dirigir simplesmente se cansaram ou desistiram de perguntar. Possivelmente, concluíram que eu não dirigiria jamais e passaram aceitar essa condição.

Eu, no entanto, não tinha tanta facilidade em aceitar esta condição. O carro estava sempre lá, parado na garagem, enquanto eu estava cá, em outro canto da cidade, pedindo carona, descobrindo o melhor jeito de ir até meu destino, causando o menor incômodo possível àqueles a minha volta.

Apesar disso, esse incômodo jamais foi suficiente para me fazer tomar uma atitude final com relação ao dirigir – ficava sempre naquela promessa de final de ano: "No

Dirigir sem Medo

ano que vem começo a dirigir. No ano que vem..." E assim se passaram 8 anos, até o início de 2011.

Somente quando tive que pesar o fato de eu não dirigir para aceitar ou não aceitar uma proposta de emprego é que concluí que, efetivamente, eu precisava tomar alguma atitude. Durante minhas férias no trabalho, em maio de 2011, tirei o pó de uma velha reportagem sobre o medo de dirigir, que vagava em meu quarto havia alguns anos, busquei o telefone da Clínica Cecilia Bellina naquele que tem as respostas a todas as nossas perguntas (*Google*) e agendei a minha entrevista.

Esta é **sem dúvida**, a parte **mais difícil do tratamento**, em minha modesta opinião: dar o primeiro passo, admitir e convencer-se de que isso será necessário para que supere este bloqueio na direção e ir ate a Clínica para a entrevista prévia. Perto desse dia, enfrentar a Marginal Pinheiros ou a 23 de Maio é fichinha.

Ao conversar com a psicóloga na entrevista você sai com a certeza de que dirigir, a partir de então, deixa de ser uma questão de *se* e passa a ser uma questão de *quando*...

O fato de esta ser a parte mais difícil não significa que as etapas seguintes não sejam também custosas. Olhando para trás, você vê que o tratamento é repleto de altos e baixos. No princípio, na fase de reaprendizagem, a evolução é mínima: você se sente desconfortável no grupo e impaciente na direção.

Alcançando o sonho

Quanto entra na etapa do enfrentamento, a coisa começa a mudar de forma, mas é marcada pela inconstância.

Quantos sábados não acordei sem a mínima vontade de ir para o grupo e para a aula e, após passar com sucesso por situações difíceis no trânsito, não voltei com uma sensação boa para casa? E quantos também não foram os sábados em que, embora eu tenha chegado à Clínica cheio de expectativas para a aula que teria, acabei retornando para a casa desgostoso com os erros que cometi?

E nesse passo caminha a fase de enfrentamento, com seus altos e baixos, dias bons e dias ruins... até que a psicóloga resolve agendar um dia para ir a sua casa e fazer você pegar o seu próprio carro.

Entre o dia em que esta atividade é agendada e o dia em que ela efetivamente ocorre, é difícil pensar em qualquer outra coisa que não seja esse dia. Afinal, era justamente isso que eu estava buscando desde o dia em que entrei na Clínica, mas também era justamente isso que eu estava evitando (com sucesso) desde o dia em que tirei minha habilitação...

Como todas as demais etapas, esta também se revelou um momento muito maior ao longe do que realmente era. A ansiedade que atingia níveis altíssimos ao longo das primeiras tarefas, aos poucos ia se normalizando, até que pegar o carro para dar uma volta no quarteirão deixa de ser uma tarefa que você evita pela ansiedade e dificuldade, e passa a ser uma tarefa que você simplesmente evita por ser enfadonha. Nesse momento, você

Dirigir sem Medo

quer mais e sente que pode mais do que um, dois ou três quarteirões...

Quando começam os objetivos, você tem a certeza de que está em um caminho sem volta: efetivamente você já dirige. O carro já deixou de ser um bicho de sete cabeças e já há muito tempo você deixou de ter vergonha de falar para as pessoas à sua volta que você estava fazendo um tratamento para começar a dirigir.

A fase de objetivos, como todas as anteriores, também é marcada pelos seus altos e baixos, como não poderia deixar de ser. Enquanto de um lado a sensação de levar a namorada de carro até o cinema é excelente e incomparável, de outro, a sensação de raspar a lateral de seu carro na parede de uma garagem é terrível e também incomparável...

Mas o fato é que estou aqui, pronto para receber minha alta e tornar-me mais um motorista no trânsito desta cidade. Hoje posso dizer, finalmente, que, **para mim**, dirigir ou não em São Paulo em determinada ocasião já não é uma questão de limitação, mas, sim, uma questão de escolha.

Muito obrigado àqueles que tiveram um papel fundamental neste processo!

J. – Unidade Niterói/RJ

Liberdade e independência... Não tem preço!

Quando comprei meu carro achei que tudo seria muito fácil, que iria para todos os lugares e que ninguém ia

Alcançando o sonho

me impedir, até que descobri o medo e ele me impediu. Sofria com as piadinhas e críticas na família, pois isso me incomodava muito.

Treinava sempre com alguém do lado, mas não tinha coragem de ir sozinha. Pegava 2 ônibus pra ir trabalhar, sempre lotados, com bolsa pesada, e meu carro parado na garagem. Não conseguia aceitar essa situação, via senhoras dirigindo por tudo e me perguntava por que eu não conseguia. Até que um dia meu tio comentou sobre uma clínica para habilitados e daí então comecei a pesquisar; foi quando encontrei a Clínica Cecilia Bellina. Comentei com as pessoas mais próximas e ninguém me apoiava, exceto minha mãe. Diziam que eu ia gastar dinheiro à toa, mas eu acreditei e isso era o que importava, então marquei uma entrevista e foi assim que tudo começou e eu conquistei o sonho de dirigir, de ser independente e me sentir realizada.

O carro hoje faz parte da minha vida e se fico 1 dia sem ele já sinto falta, agora já vou trabalhar de carro, ligo o som e sigo na estrada. Isto é gratificante. Gostaria de agradecer primeiramente a Deus. A psicóloga, os At's e as meninas do grupo, pois foram essas pessoas que me deram força, coragem e determinação.

♪...Na verdade minha prova tinha um gosto amargo, mas minha vitória hoje tem sabor de mel. (Música Sabor de mel – Damares, Apocalipse) ♪.

Dirigir sem Medo

P. – Unidade Santana/SP

Manhã de domingo, 14 de Agosto de 1994. Sol, céu azul, Dia dos Pais. Brincadeiras, risos com os amigos. Depois, a estrada de volta pra casa... Depois, um vazio, uma lacuna, a escuridão. Ao abrir os olhos, um choque e a triste realidade: quatro desses amigos se foram em um acidente que sofremos, na BR 116! Uma carreta invadiu a pista na qual estávamos, pela contramão. Outro amigo, também sobrevivente, gritava, no hospital, transtornado: "Morreu todo mundo! Morreu todo mundo, pô!!!"...

As marcas deixadas em minha alma foram, sem dúvida, muito mais dolorosas do que as impressas em meu corpo. Meu mundo se transformou. Sentia-me exposta a todo tipo de intempérie.

Tornei-me frágil, suscetível, temerosa...

Eu ainda não havia tirado minha habilitação. Isso só ocorreu em 2003. Ainda não havia comprado um carro. Eu, curiosamente, sempre priorizava outras coisas... Ao dirigir o carro do meu marido, percebi que, além de precisar treinar, sentia muito, muito medo. Fiz aulas em autoescola comum. Percebi que me sentia muito mal ao dirigir e que, além do medo intenso, sentia muitas dores em meu braço direito, o qual possui próteses devido ao acidente que sofri. Adquiri, então, um carro automático em Agosto de 2010, tendo, assim, solucionado o problema da dor. O medo? Continuava senti-lo, intensamente. Era paralisante.

Alcançando o sonho

O peso do "não dirigir" foi se tornando insuportável. Sensação de menos valia, culpa e impotência foram alguns dos sentimentos que permearam tal situação. Os olhinhos dos meus filhos ávidos por novos passeios; a intenção de retirar de meu marido a responsabilidade exclusiva de dirigir para a família e o desejo intenso de ser mais independente me impulsionaram a procurar pela Clínica. A força de minha amiga F., que passou por um processo semelhante, também me auxiliou na tomada de decisão.

O início foi muito sofrido. Só de pensar em fazer aulas sentia-me muito ansiosa. Quando entrei em tarefa, entendi o significado de se "matar um leão por dia"! As explicações dadas no grupo, ilustradas por caminhõezinhos de brinquedo, faziam-me chorar... Afinal de contas, carro e caminhão, para mim, eram associados à morte.

Ao realizar aulas, tarefas e objetivos fui resgatando, paulatinamente, a autoconfiança. Fui me restaurando enquanto pessoa, juntando os caquinhos, me permitindo um relacionamento com um aspecto que até então estava praticamente intocado, guardado por 17 anos. Foi como na música de Gonzaguinha, "afinar o instrumento de dentro para fora e de fora para dentro": a prática tinha um impacto em meu mundo interno. Este, em contrapartida, me fornecia a energia necessária para seguir em frente.

Dirigir sem Medo

Hoje, sinto-me feliz por haver superado minhas dificuldades. Sinto-me plena, útil, independente. Resgatei a fé em Deus, na vida, em mim mesma. Agradeço ao meu marido, pela força e paciência. Aos meus filhos pelo incentivo entusiasmado. A Cecilia Bellina e sua maravilhosa equipe, que me acolheu. Às integrantes de meu grupo, que contribuíram generosamente com suas experiências e a quem desejo força e sucesso!!!

Obrigada, muita Luz a todos!!!

C. – Santana/SP

Tenho que confessar que foi difícil iniciar esta carta, pois a cada momento que pensava em começar a escrever passava um filme em minha cabeça, revelando toda a trajetória até o fim, ou melhor, até o recomeço de uma nova etapa.

A minha história começa assim...

Desde que completei dezoito anos me matriculei na autoescola para tirar a carteira de motorista. Fiz algumas aulas, realizei os exames e por incrível que pareça passei na primeira vez. Me achei o máximo, pois todos diziam que era muito difícil passar na primeira vez. No início dirigi algumas vezes pelo bairro, mas as subidas sempre me apavoravam. O tempo foi passando, o medo aumentando e eu dirigindo cada vez menos, até que um dia não peguei mais no carro. Quando andava como passageira ficava sempre em estado de alerta diante de uma ultrapassagem ou mesmo nas subidas.

Alcançando o sonho

Sempre que precisava ir a algum lugar que não tinha fácil acesso, logo vinha aquele pensamento... Por que é que eu não estou dirigindo?... Sempre dependendo de alguém para levar e buscar. Poxa! Logo eu que nunca gostei de esperar pelos outros para resolver meus problemas. Olhava em volta e via mulheres idosas com os cabelos branquinhos e pensava:

– Poxa! Até ela está dirigindo e eu não, por causa desse medo que me apavora.

Ouvi de algumas pessoas: "Ah! Talvez você não tenha nascido para isso...".

Passaram-se onze anos e então eu conheci a Clínica Cecilia Bellina através de colegas da escola em que trabalho. Tomei coragem e, decidida, procurei a clínica. No início do tratamento estava empolgadíssima, pois estava realmente aprendendo a dirigir um carro, é claro, com os acompanhantes terapêuticos ao lado.

Passando alguns meses, veio a fase das tarefas, nesta fase entrei em conflito comigo mesma, tive uma crise de ansiedade, foi um momento muito delicado e pensei em desistir. Não conseguia sair com o carro da garagem e não suportava a ideia de olhar no retrovisor e ver um carro atrás de mim. Neste momento, a terapia e o apoio da família foram fundamentais. Passada esta crise, comecei a dirigir sozinha. No início foi muito difícil, transpirava muito, o coração ficava acelerado, mãos e pés frios, mas à medida que ia repetindo o trajeto esta ansiedade foi diminuindo e assim continuei realizando os objetivos.

Dirigir sem Medo

Hoje, com nove meses de tratamento, estou de alta. Quero dizer com simples palavras que a satisfação do poder de ir e vir dirigindo não tem preço. Estou muito FELIZ e REALIZADA. Estou dirigindo em lugares que eu nunca havia imaginado. Parece um sonho...

C. – Unidade São Bernardo do Campo/SP

Sim, eu dirijo!!!!!

Minha história começa na adolescência, o famoso 18 anos e "tirar carta". Fiz isso um ano depois, não por vontade de dirigir, mas porque as minhas amigas estavam "tirando" e fui no embalo. Conclusão: peguei o carro com meu pai algumas vezes, mas desisti pelo medo, pela insegurança e pela falta de um objetivo para que isso acontecesse.

Em 2000, por mudanças que estavam ocorrendo em minha vida, em função de terapia, apareceu a vontade de dirigir, até comecei a sair algumas vezes, sozinha, mas a ansiedade era tão grande, que era mais confortante chegar em casa e ficar livre do carro, até que acabei ficando livre de uma vez e nunca mais dirigi.

As cobranças eram muitas: dos familiares, dos amigos, do namorado e principalmente minha, que pensava: "Puxa vida, será que vou passar por essa vida sem dirigir? Todo mundo dirige, menos eu!" Muitas vezes, nos momentos de necessidade de um motorista, e eu não tendo coragem, me sentia incompetente e com a

Alcançando o sonho

autoestima lá embaixo, chorava em silêncio e dava desculpas: o carro não é meu, é do meu pai; não tenho dinheiro para comprar um carro, e por aí vai.

Certa tarde, há aproximadamente 2 anos, vi uma reportagem na TV sobre a Clínica Escola Cecilia Bellina, anotei o site que ficou em um caderninho, que se perdeu, mas não saiu da minha memória. Na mesma época, por estar em um emprego que estava me proporcionando uma condição financeira melhor, estabeleci como meta guardar dinheiro para comprar meu carro e foi o que fiz.

Em outubro de 2010 tomei coragem, liguei na Clínica e agendei a entrevista com a psicóloga, que me encorajou e me mostrou que seria capaz de mudar minha história. No início é uma mistura de vontade de mudar junto com o medo, ansiedade e insegurança, mas no fundo do coração aquela sensação que posso ser capaz como qualquer pessoa. Comecei a perceber essa capacidade com o transcorrer das aulas e do grupo de terapia, com os acompanhantes terapêuticos ensinando e mostrando que apesar das dificuldades você é capaz de superá-las com erros e acertos. Com a psicóloga demonstrando uma confiança em mim, que eu mesma não percebia que seria possível ao dirigir e, o principal, que eu posso errar sim e aprender com o erro, fazendo depois diferente.

Gratidão é o que sinto nesse momento!

Enfim, agora, aos 42 anos, posso dizer com toda tranquilidade e humildade para quem perguntar: sim, eu

Dirigir sem Medo

dirijo, mas no fundo estando muito orgulhosa de mim mesma de ter superado medos e ansiedades e passar por essa vida como motorista também. De ir a lugares antes tão distantes, não só pela quilometragem, mas por não acreditar que seria capaz. Agora, tornaram-se próximos e reais.

S. – Unidade Santo André/SP

Nove meses depois, e hoje é o dia D, o dia da alta...

Com habilitação desde 1995 e várias tentativas de dirigir e, pra variar, todas frustradas. Foram aulas particulares, apoio do marido saindo comigo. E então começaram as desculpas... não gosto de dirigir... esse trânsito é muito louco... prefiro ônibus, onde não tenho que me preocupar com nada. Tudo mentira, a verdade era que esse negócio de não conseguir dirigir muito me incomodava, e não tinha coragem de assumir isso perante as pessoas a e até a mim mesma tentava enganar.

Até que um dia, frustrada, depois de esperar o ônibus uma eternidade pra chegar em casa, fui para o computador e assumi EU TENHO MEDO DE DIRIGIR, preciso de ajuda. O primeiro site: Cecilia Bellina, olhei tudo atentamente e li todas as orientações do tratamento, mas ainda achava que eu não precisava daquilo, só precisava tomar coragem e pegar o carro (não conseguia... não conseguia). Passando pelo terminal de ônibus de Santo André, eis que veio aos meus olhos o anúncio da

Alcançando o sonho

propaganda da Clínica Escola Cecilia Bellina, não era possível, isso só podia ser um sinal... Anotei o telefone e fui pra casa. E então criei coragem e liguei. A partir daí começou a minha história com a Clínica. Foi realmente o divisor de águas na minha vida.

Nossa!!!!! Tudo aconteceu com muita luta, disciplina e determinação, mas valeu a pena, hoje estou aqui, dirigindo meu próprio carro, o qual me dei de presente neste momento tão importante na minha vida.

Chuva, sol, noite, dia, ruas, avenidas, rodovias... buzinadas, pequenos deslizes no trânsito, congestionamento, velocidade, nada disso mais me causa medo ou insegurança.

EU SOU MAIS UMA MOTORISTA NO TRÂNSITO...

Hoje a facilidade que tenho de ir e vir do trabalho, todo sentimento de liberdade, sem depender de ninguém pra ir a qualquer que seja o lugar me faz uma mulher realizada e feliz.

A todos, meu sincero MUITO OBRIGADA!!

K. – Unidade Tatuapé/SP

Enfim chegou o dia da minha Alta!

O percurso até aqui foi longo, mas cheguei vitoriosa!

Inicialmente, não almejava dirigir, peguei num carro apenas uma vez, mas não foi uma experiência muito boa. A partir daí comecei a pensar que dirigir era um ato muito complexo, que exigia muito da pessoa, muita responsabilidade. Pensava na questão de estar levando vidas, nas dificuldades e imprevistos que poderiam acontecer no caminho, ficava com muito medo de batidas, de perder o controle e colocar vidas em risco.

Enfim, decidi que dirigir não era para mim, pois, simplesmente, não era capaz.

Depois de um longo tempo sem pensar nessa questão, acabei tirando a carta por insistência da minha mãe. Foi um processo muito dolorido, frequentei uma autoescola que apenas se preocupava com a preparação para o teste, ou seja, não havia a mínima intenção de ensinar a dirigir, sem contar que o fato de eu ter medo, para eles, era motivo de gozação.

Após esse período eu e minha mãe compramos um carro, mas não tínhamos coragem de sair com ele, tivemos algumas aulinhas com parentes, mas o medo e a falta de segurança falavam mais alto. Foi aí que decidi pesquisar sobre a questão do medo de dirigir e descobri a Clínica Cecilia Bellina; não esperei completar um ano de carta e iniciei o tratamento.

O início foi muito difícil, pois tive que começar do zero e quebrar algumas concepções erradas, como: a forma de segurar o volante para fazer curvas, precisei entender que para dirigir não era preciso olhar o bico do carro... Sem contar que eu me preocupava muito com tudo, com os outros, qualquer buzinada era para mim... Tive

Alcançando o sonho

que lidar com o perfeccionismo, focava nos meus erros e não nos meus avanços e conquistas.

Foi um processo longo e gradativo, passei por um período de muito pessimismo, não acreditava que era capaz; mas, num dado momento, dei um grande salto, comecei a sentir, perceber meus avanços. Fiquei mais confiante, mais segura. Para isso, a convivência com o grupo foi fundamental, o otimismo e incentivo de minhas colegas foram importantes para o meu avanço.

Hoje sinto que sou uma motorista, que sou parte do trânsito, vou para lugares distantes, como Mogi das Cruzes, dirigir faz parte do meu dia a dia. Sou Vitoriosa, estou muito feliz!!!

Agradeço a todos os envolvidos. Agradeço as minhas colegas de grupo, que muitas vezes escutaram meus desabafos... Os encontros foram verdadeiras injeções de ânimo, de força.

M. – Unidade Tatuapé/SP

Nossa!!! Não acredito!!! Será verdade mesmo???

Caramba... É verdade sim, estou recebendo Alta em...

Você que está lendo este depoimento acha que foi fácil chegar até aqui???

Começa a fazer, depois nós conversamos, a luta é brava, mas o sabor dessa vitória é muito, mas muito bom mesmo. Que felicidade...

Dirigir sem Medo

Incrível, esperei muito por este dia, agora que ele chegou estou em conflito com meus sentimentos, ou seja, feliz por ter vencido o meu maior inimigo, o MEDO, e tristonha por me separar dessa galerinha tão legal. Aqui na Clínica foi muito bom tudo!!! Curti cada momento que estive aqui.

Vou tentar resumir um pouco minha trajetória aqui na Clínica. Bem, tudo começou em 2011, quando peguei minha CNH, achando que seria a melhor condutora de veículo do mundo; bobagem, não fui pra lugar nenhum e arrumei um problema pra minha cabeça, pois todo mundo me cobrava: "Quando você vai começar a dirigir?" ou "Você é muito medrosa, desse jeito não vai chegar a lugar nenhum". Eu odiava tudo isto e ficava muito triste.

O fato de não dirigir nunca foi um problema pra eu me locomover, nunca incomodei as pessoas pedindo carona. Eu sempre fui muito dona das minhas vontades, ia pra todos os lados, não importava o tipo de transporte que ia usar, fosse de ônibus, metrô, táxi, trem, avião, barco... eu saía, mas é claro que lá no meu íntimo eu pensava: "Droga, o carro na garagem e eu andando de ônibus", que medo é esse mulher!!!

Apesar dessa minha independência eu tenho os meus Pais que já têm uma idade avançada, e sempre tenho de levá-los a médicos, laboratórios, dentistas e outros lugares, então, o que restava era pegar um táxi ou transporte público. Essa situação acabava comigo, pois queria

Alcançando o sonho

melhorar a qualidade de vida deles. Tudo isso me impulsionou a tomar uma atitude, e fui à luta procurar ajuda, vi uma escola que ajudava pessoas habilitadas a perder o medo, e lá fui eu. Fiquei um bom tempo lá, mas aí eu fiquei saturada e saí bem frustrada, enfim, continuei a não dirigir, cheguei a pensar que isso não era para mim.

Um belo dia minha prima, sabendo da minha vontade e necessidade de dirigir, me ligou toda feliz, dizendo que tinha ido uma amiga dela na loja que morria de medo de dirigir, porém, agora ela estava dirigindo, então, a minha prima começou a pesquisar e ela contou sobre o tratamento. A minha prima pegou o telefone daqui e me passou, eu relutei durante três meses, até tomar a decisão e vim novamente procurar ajuda. Não estava acreditando muito que iria conseguir, e tinha comigo que esta seria minha ultima tentativa.

Eu diria que foi uma das melhores atitudes da minha vida, agora estou me achando, dirigindo pra todos os lados e faço questão de divulgar o trabalho desta Clínica e, ainda brinco, que sou a prova viva de que o tratamento dá certo.

Valeu, Equipe Cecilia Bellina, obrigada, obrigada.

S. – Unidade Tijuca/RJ

Há um ano e meio procurei a Clínica Cecilia Bellina para tentar superar um medo, que parecia incurável. Minha história com volante começa bem antes, quando

Dirigir sem Medo

há 15 anos tentei tirar carteira de motorista. Aprovada na prova teórica, sentia muito medo nas aulas práticas. Cheguei a dar voltinhas com meu carro, mas o receio de errar, as críticas ouvidas na época por pessoas próximas, me fizeram abandonar todo o processo e sequer compareci à prova prática.

De lá pra cá, este se tornou um tabu. Não gostava nem de tocar no assunto "direção" e todas as vezes que um amigo ou qualquer pessoa colocava: "Como, logo você NÃO SABE DIRIGIR?", sentia muita vergonha e muita raiva.

Vivia procurando desculpas do tipo: "preciso morar perto do emprego", "o trânsito do Rio é muito violento", "prefiro ir descansando no ônibus", mas me sentia muito mal por ver todas as minhas amigas do trabalho pegando seus carros na hora de ir embora. Pensava: "Todo mundo dirige, menos eu!!" MEU MEDO era tão grande que eu não era sequer capaz de abrir a mala do meu carro parado na garagem. Acreditam??

Um belo dia vi o anúncio da Clínica Cecilia Bellina no jornal. Entrei no site. Li tudo sobre o método. Encomendei o livro e li também. Saber que existia um método para tratar e acompanhar pessoas como eu me deu força para iniciar. As primeiras aulas práticas me deixavam apavorada: chegava em casa cansada, suada e, por vezes, chorando muito. Por sorte, meu marido, muito companheiro, me acalmava e me dava força. Vim para clínica antes mesmo de tirar a carteira, só para participar

Alcançando o sonho

do grupo de terapia. Ouvir a experiência das colegas e a psicóloga me fez acreditar que era possível, mas lá no fundo ainda ouvia aquela vozinha que dizia assim: "Será mesmo que vou conseguir?"

Enfim... tirei a carteira, depois de nada menos que 3 tentativas na prova do Detran. A batalha foi dura! Comecei a treinar e vir toda semana para terapia. Os acompanhantes terapêuticos me ensinavam, repetiam e repetiam as técnicas e me acalmavam. Eu errava, errava e errava, principalmente a troca de marchas, que parecia impossível para mim. A psicóloga me acalmava, me ensinava técnicas de relaxamento. E eu seguia lendo as cartas das colegas que já tiveram alta, pesquisando histórias de sucesso na internet e vindo para a Clínica. O tempo foi passando e comecei a errar menos, a ansiedade foi aos poucos diminuindo e a técnica aumentando. Os At's falavam: isso, muito bem, isso aí menina! E eu, aos poucos, começava a acreditar: "acho que é possível, acho que estou conseguindo, acho que estou aprendendo a dirigir! Será?". Em casa meu marido falava: você é guerreira, é corajosa. Minha mãe, minha irmã, meus amigos: "você vai conseguir, você vai ver". E eu perseverei. Alguns momentos foram de desânimo e cansaço: puxa vida, como é difícil isso. Já passei por infindáveis batalhas muito difíceis em minha vida, mas pensava: nada é tão difícil quanto aprender a dirigir. Respirava fundo, rezava, fazia ioga, mentalizava.

E assim foi, com base num contrato de fé, estabelecido entre mim e o tratamento, que passei a acreditar,

Dirigir sem Medo

a acreditar em MIM, a perceber que Sou capaz, que POSSO conseguir vencer os obstáculos que, à primeira vista, parecem intransponíveis. Comecei a gostar dessa coisa de me livrar dos medos! Sempre tive medo de água: no mar não entro, em piscina fico agarradinha na escada. Foi aí que, na academia onde malho, procurei a natação e adivinhem: na primeira aula chorei de medo, na frente de todo mundo! A professora, com paciência, conversou comigo, insistiu para que eu voltasse e hoje, depois de 4 meses, já dou braçadas, e atravesso quase sem medo os 20 metros da piscina. Quanto ao carro: venci as tarefas, as primeiras voltas no quarteirão, que me faziam tremer tal qual "vara verde", depois as primeiras idas ao mercado, ao shopping e por fim: a Niterói. Atravessar a ponte para ir ao trabalho era o meu MAIOR e MAIS DIFÍCIL objetivo... mas CONSEGUI! EU SOU CAPAZ!

Quanto ao MEDO, descobri, como a Chapeuzinho Amarelo da história do Chico Buarque, que quando estamos diante dele e o olhamos de frente, ele diminui de tamanho e até um lobo, tão assustador, pode virar um bo-lo: "um bolo de lobo fofo!". Foi assim que enfrentei o meu LOBO MAL e o medo de dirigir foi diminuindo... diminuindo... diminuindo...

Hoje, olho para trás e só tenho a agradecer. Que venham outros DESAFIOS!!

Alcançando o sonho

R. – Unidade Tijuca/SP

"A vida é a arte do encontro, embora haja tanto desencontro pela vida" Vinicius de Moraes.

A vida é, de fato, algo inusitado e surpreendente. Em 1996, eu tinha exatos 17 anos e ainda na sala de aula do ensino médio fazia planos com uma grande amiga: "Ao completarmos 18 anos, nós estaremos na faculdade, dirigindo e morando sozinhas. Seremos independentes!!!

Não tardou e os 18 chegaram, ingressamos na universidade e na autoescola. Mas para minha surpresa, não fui aprovada no exame prático de direção. "Que é isso? Desânimo para quê? Eu faço de novo...". Lá estava eu na autoescola novamente e depois no exame, agora com a devida aprovação.

Tão logo consegui minha habilitação, me aventurei nas primeiras voltinhas de carro e tenho que confessar que tudo o que eu senti não tinha nenhuma relação com liberdade e independência, mas sim um sentimento que me reportava a uma verdadeira prisão. Parecia que eu carregava uma tonelada casa vez que sentava na direção do carro.

Mas insisti muito até que, em fevereiro de 2003, fui a uma festa na Marina da Glória, não sei por que, mas passei a festa toda pensando que eu teria que voltar dirigindo e só não fugi porque estava presa num barco. Voltei direitinho, nada aconteceu, mas o pânico estava lá, ninguém via, mas eu sentia aquele sofrimento horrível. Quando cheguei em casa, decidi: "Eu não dirijo

Dirigir sem Medo

mas! Não preciso sofrer assim". E assim foi. Não peguei mais no carro.

Ao longo dos anos, conheci diversas pessoas, fiz muitos amigos e em todas essas relações me via sempre tendo que explicar que não conseguia dirigir, mas cada vez que eu tinha que fazer isso me machucava mais. Até que em determinado relacionamento, a pessoa com que eu estava insistiu muito para eu dirigir. Para fugir dessa insistência eu inventei que tinha trauma de dirigir porque tinha passado por um tiroteio e tinha ficado com pânico. Sustentei essa mentira por muito tempo. Foi aí que eu me dei conta, além de não conseguir dirigir e me sentir a pior das criaturas, eu tinha virado mentirosa... "Que legal!!!".

Mas isso não parou aí. Os anos se passaram, o relacionamento acabou e conheci outro namorado e ainda naquela fase de encantamento nós saímos, ele bebeu um pouco e disse: "leva o carro para mim?" E eu me vi tendo que explicar que eu não dirigia, mas dessa vez não menti, falei com todas as letras: "Eu tenho medo!!" Foi quando eu ouvi: "Medo?!! Como? Você é tão bonita, tão inteligente e tem medo de dirigir?" (naquele momento eu pensei: talvez eu não seja tão inteligente assim...)

Mas de uma forma tão dolorosa eu aprendi a conviver com isso. Conheci o meu marido, com ele eu podia ser até eu mesma que ele iria entender! Então, depois de alguns anos juntos, mais precisamente em 2008, eu resolvi pegar o carro. Para minha surpresa, consegui

Alcançando o sonho

dirigir, mas o medo estava lá. Cheguei ao ponto de chorar numa rua engarrafada e ter que pedir para ele assumir a direção. Mas eu não desisti. Outras várias tentativas ocorreram, mas o medo, o sentimento ruim estava sempre presente dentro de mim. Dirigir era um enorme sacrifício. Até que um dia eu bati no portão da minha garagem e foi tudo o que eu precisava para buscar dentro de mim aquela desculpa já com cheiro de mofo de tão velha: eu não vou mais dirigir, eu não preciso passar por isso.

No entanto, eu, realmente, acredito que Deus usa as pessoas para falar com a gente. Foi assim que numa tarde eu encontrei uma amiga de faculdade. Fomos tomar um café, papo vai, papo vem, ela disse que ia de carro até a minha rua e deixava o carro lá para pegar o metrô. Nessa hora, eu sem saber o porquê (já que eu evitava falar nesse assunto), comentei: "Poxa você dirige? Que bom! Sabe... eu tenho medo!!!". Na mesma hora ela deu um pulo da cadeira e como num espanto exclamou: "Medo?!!! Não Acredito!!! Procura a Cecilia Bellina; conheço uma pessoa que não dirigia de jeito nenhum, fez o tratamento lá e agora dirige para tudo que é lugar! O tratamento funciona mesmo!"

Eu já tinta tentando de tudo, era o que me restava. No mesmo dia procurei a clínica na internet e descobri que ela ficava a alguns quarteirões da minha casa. Foi então que eu percebi que Deus não estava falando comigo, ele estava gritando mesmo!

Dirigir sem Medo

Na semana seguinte eu já tinha estava na Clínica, feito a entrevista, a avaliação e na mesma semana já estava participando da minha primeira sessão de terapia. Foi aí que eu passei a cantar a música da Ana Carolina: "um novo tempo pra mim agora..." E de fato tinha começado mesmo.

Essa Clínica, esse lugar, mudou a minha vida. Com o grupo dividi momentos felizes e tristes, angústias e alegrias, aprendi que um único fato pode ser visto de muitas maneiras por pessoas diferentes, que as minhas dificuldades também eram as dificuldades de pessoas tão próximas. Perdi a conta de quantas gargalhadas nós demos, entendi que deixar o carro desligar não é o fim do mundo. Aprendi que quando a gente se dispõe a dividir, na verdade, a gente soma, porque dividir as nossas angústias e dificuldades é somar forças para superá-las.

Com a terapia aprendi que a ansiedade é um problema que deve ser tratado, que eu sou humana, que eu posso errar e isso não é fim do mundo, que o erro é uma aprendizagem. Que me maltratar porque eu errei não me levaria a lugar nenhum, que a vida tem a cor e gosto que você dá a ela, que a felicidade também significa ser mais complacente comigo e não me cobrar tanto.

Aprendi a não ouvir mais o medo porque ele não me leva a nada. Hoje eu dirijo e a única coisa que eu sinto ao dirigir é liberdade, aquela liberdade que eu buscava nos sonhos dos meus tênues 17 anos.

Alcançando o sonho

O mais emocionante disso tudo é perceber que eu consegui. EU!!!!! Porque medo de dirigir não se cura com remédio, a cura não é instantânea. Tive muitas incertezas e angústias, mas percebi que só eu poderia me ajudar levando o tratamento a sério, com disciplina, não faltando, não desistindo. Acreditando sempre.

Eu posso, eu quero, eu consigo, e hoje eu posso dizer eu consegui!!!

Quero deixar registrado os meus sinceros agradecimentos à Cecilia Bellina e a todos os integrantes da Clínica. O tratamento é fantástico! Foram 14 anos sem consegui dirigir e hoje, depois de oito meses, eu não tenho mais medo!

Isso não tem preço.

D. – Unidade Vitória/ES

Eu tenho como convicção que tudo e todos que passam por nossas vidas têm uma razão de ser. Nada e ninguém se "esbarra" por acaso.

Há meses, quando senti a necessidade, do nada, de buscar ajuda aqui na Clínica (já que por várias vezes a vontade ia e vinha e ia mais do que vinha), esse nosso encontro já havia sido idealizado no cosmo.

Encontrar pessoas tão especiais como vocês, ter esse grupo tão unido foi, com certeza, um dos motivos do meu mérito, que na verdade é nosso o mérito. Como tratar de uma coisa tão tensa se não tivermos por perto, no momento de abrir o coração, pessoas tão queridas.

Como expor nossos sentimentos e problemas, sejam quais forem os níveis de gravidade e complexidade, se não tivermos pessoas tão queridas ao nosso redor?

Falamos coisas aqui entre nós, que, digo por mim, nunca tive coragem de falar a amigos e familiares tão mais próximos, será?

Foram meses de busca, uma busca que parecia não ter fim, um problema que parecia não ter solução, mas foi, está indo. Descobri que além de mim outras pessoas sofriam e sofrem com essa coisinha aparentemente tão simples que é pegar o carro e sair por aí.

Hoje, ter a chamada alta me causa um turbilhão de sentimentos. Ao mesmo tempo que fico MUITO orgulhosa do meu progresso, estou MUITO mais triste por ter que me despedir. Não é nada legal isso, não sei trabalhar bem isso na minha cabeça, ela não é muito boa nisso não.

Mas vamos lá, mais uma etapa e mais pessoas se "esbarraram" comigo na minha caminhada. A vocês, queridos, deixo aqui meu carinho.

L. – Unidade Campinas/SP

Hoje estou concluindo com sucesso mais um projeto em minha vida: A realização de um sonho: "**DIRIGIR**".

Alcançando o sonho

Há anos atrás (17), consegui tirar a carta de motorista, mas nunca desempenhei tal função, pois não me sentia apta para tamanha responsabilidade, tinha verdadeiro pânico de estar atrás de um volante e conduzir um carro. O medo se apoderou de mim de tal forma, que conclui não haver nascido para aquilo e desisti (sem nunca ter tentado) de ocupar essa atribuição.

Deixei meu sonho guardado, junto com tantos outros projetos em um Baú velho, como aqueles que guardamos tudo aquilo que achamos não precisar mais para o nosso uso, tais como roupas velhas, lembrancinhas, fotos, relíquias. Tudo o que não usamos, mas não queremos nos desfazer. Quem sabe um dia aquilo poderá ser útil... Quem sabe poderemos retomar de onde paramos... Quem sabe um dia abriremos o Baú...

Pois é, este dia chegou (fevereiro de 2010), decidi rever o meu sonho e recomeçar de onde havia parado (no medo). Mas como fazer isso?

Eu tinha duas opções: esconder aquele Baú para sempre ou dividir com alguém. Escolhi a segunda opção (graças a Deus).

Uma amiga querida me indicou a Clínica Cecilia Bellina e me incentivou a ligar. Confesso que só liguei por insistência desta amiga, mas não acreditei que daria certo, que conseguiria, pois temia dividir o meu fracasso com os outros, sentia vergonha até de falar sobre minha condição.

Dirigir sem Medo

Fui muito bem recebida na Clínica e incluída com muito carinho no grupo de terapia, onde descobri que eu não era a única a passar por esta situação, mas tinha ali mais pessoas como eu, tentando vencer com muita coragem e determinação os obstáculos. Então vim para este grupo arrastando o meu Baú (pesado que só), para partilhar com minhas novas colegas do grupo e com a equipe de profissionais da Clínica.

Nas aulas práticas (na rua), fui recebendo instruções de como ser uma boa motorista e informações valiosas de como enfrentar o trânsito.

Nas conversas em grupo, trocamos experiências e confidências. Falamos de nossas vidas, dos nossos medos, das dúvidas e das dificuldades.

Tornamo-nos amigas e solidárias, e descobri que tinha muito para aprender e também podia ensinar. No grupo houve verdadeira partilha:

Festejamos as vitórias; Rimos dos fracassos; Choramos com as dificuldades e sofrimento de cada uma, mas nunca perdemos a esperança e a confiança de vencer.

E qual não foi a minha surpresa ao descobrir que não guardava um Baú velho, mas um grande tesouro, que hoje está muito mais valioso, com tudo que eu aprendi e vivi nestes "Um ano e seis meses" que estive aqui.

Hoje posso dizer com toda propriedade: **"EU POSSO! EU CONSIGO! EU SOU CAPAZ!"**.

Alcançando o sonho

O meu conselho: Não desista nunca de realizar o seu projeto, seja ele qual for, do tamanho que for. Se não conseguir sozinha, procure ajuda, não tenha medo, siga em frente.

VOCÊ PODE! VOCÊ CONSEGUE! VOCÊ É CAPAZ!

Obrigada por tudo!

Um grande abraço.

B. – Campinas/SP

Os anos se passando e a dependência aumentando!!!!! Não havia sequer um dia que alguém não questionava o "porquê desse medo" e, como sempre, esses interrogatórios não me abalavam mais, pois sempre tive vários "motoristas" à disposição.

Até que um dia "caí na real" e aí não tive dúvida, recorri à Clínica, e disse: "Agora chegou a hora!!!!!!!!!!!!".

A partir deste dia fui uma pessoa persistente, tinha um objetivo, um obstáculo a vencer em minha vida!!!!!!

Ao decorrer das aulas, surgiam medos, insatisfações em determinados percursos, apareciam ideias avassaladoras, mas mesmo assim, a minha PERSISTÊNCIA era maior que tudo isso.

As terapias em grupo foram fundamentais no tratamento, pois estávamos reunidos justamente em busca de um objetivo comum: VENCER O MEDO DE DIRIGIR.

Dirigir sem Medo

As tarefas foram iniciadas mais cedo do que imaginava... só de pensar em " dar uma voltinha" no quarteirão, SOZINHA, suava da cabeça aos pés, e questionava: "Será que eu tenho capacidade? Será o momento certo?". SIM!!!!

A cada dia, a cada novo quarteirão, era uma sensação de dever cumprido e uma imensa felicidade!!!!!

Em seguida, tracei meus 10 objetivos, que foram realizados de uma forma bem tranquila e serena. Durante essa fase, ninguém mais me segurava, o álcool virou fumaça!!!!!!!!!

Consegui em 1 semana abastecer o carro por 2 vezes!!! Um recorde!!!!!!!!

Após exatamente 1 ano, tive alta!!!!!!!!!!

E, hoje, posso dizer com toda a certeza, que todos nós temos o nosso momento/tempo certo para conquistar os nossos objetivos na vida!!!!!!!!

Não tenho palavras para agradecer o quanto vocês todos foram extremamente IMPORTANTES na minha vida.

P. – Unidade Botafogo - RJ

Tenho 37 anos e acabei de ter alta do tratamento aqui na Clínica, após 8 meses de intensas mudanças. Apesar de possuir habilitação há muito tempo, pensar em dirigir era, pra mim, uma imensa tortura. Desagradáveis sintomas físicos e emocionais me afastavam da direção, toda vez que pensava na possibilidade de sentar a frente de

Alcançando o sonho

um volante. É como uma forma de autoproteção, decidi que direção, definitivamente, não era coisa pra mim. Porém apesar de tudo, o sonho de dirigir nunca saiu dos meus pensamentos. E assim, o tempo foi passando e a vida seguiu caminhos que cada vez mais faziam com que eu dependesse do carro para me locomover.

Após uma imensa pesquisa, descobri a Clínica Cecilia Bellina. A propaganda com a frase "Dirija sem Medo", piscou como um letreiro luminoso em minhas ideias por algum tempo, até que eu procurei ajuda na filial do Humaitá. Esta atitude foi a melhor coisa que eu fiz no ultimo ano.

Durante todo o processo, a construção da motorista responsável e segura crescia na mesma proporção que eu vencia os enfrentamentos, aprimorava a parte técnica e desconstruía modelos não favoráveis. A vontade de dirigir para todos os lados, confiante e feliz, aumentava de forma inversa ao medo, que diminuia. **Fui uma paciente-aluna muito intensa e bastante disciplinada.**

Hoje, sou uma motorista e dirijo aproximadamente 160 km todos os dias, pois trabalho longe da minha residência. Passei a ser a "Motorista da Rodada" nos fins de semana (essa parte já está começando a ficar chata... hehehehe...). E se tem uma palavra que possa definir todo este processo, seria: **SUPERAÇÃO.**

Superação significa ato de superar. Verbo que, segundo o dicionário, quer dizer: *passar além, superar a*

Dirigir sem Medo

expectativa; dobrar a resistência do adversário. Fazer desaparecer, remover, resolver; **superar todas as dificuldades.** E o maior adversário, acredite, não é o trânsito louco da nossa cidade, os estacionamentos apertados, os grandes engarrafamentos ou os motoristas imprudentes. Estes, com prudência e técnica somos, todos, capazes de vencer. O maior adversário somos nós mesmos. E esta luta individual, consiste na nossa capacidade de acreditar que podemos vencer nossos fantasmas, na capacidade de nos aprimorarmos no conhecimento e na técnica, com disciplina e cautela. Assim nos superamos.

Acredite e se supere! Isto é o que desejo a todos

Epílogo

O melhor reconhecimento para um profissional atuante na área da saúde é, sem qualquer sombra de dúvida, ver, após o tratamento, a melhoria na qualidade de vida de seu cliente.

Gostaria de expressar a vocês o quanto é gratificante observar a felicidade que o cliente sente ao conseguir dirigir seu carro quando isto um dia lhe pareceu impossível. Por mais contraditório que pareça, às vezes temos que ser privados de algo simples e básico em nossas vidas para que venhamos a nos dar conta do quanto aquilo é importante e essencial. É a isso que nos levam as fobias em geral, a uma privação e afastamento de situações que facilitam a vida.

Temos tido a extrema satisfação de acompanhar as vitórias que significam muito para seus protagonistas. Tem sido igualmente gratificante observar que os progressos das pessoas com quem temos trabalhado vão além do problema específico relacionado ao volante. A superação acaba frutificando de maneira bastante positiva em muitas áreas da vida do cliente, parte porque fortalece a autoestima, a qual, via de regra, vinha até então bastante fraca ou abalada em virtude de seu problema e parte por ensinar novos comportamentos.

Dirigir sem Medo

Ao superar o problema referente ao dirigir, o paciente passa a ter uma visão mais apurada do mecanismo da fobia, bem como do melhor meio de se enfrentar esta situação adquirindo, assim, novos comportamentos frente a outras situações de vida. Observamos, assim, um fortalecimento emocional por parte do indivíduo. Ele reestrutura sua forma de lidar com os próprios erros, algo que tanto, e tão constantemente, faz parte de nossas vidas e com que muitos têm, às vezes, dificuldade de lidar.

Espero do fundo do meu coração que este livro seja o estímulo que faltava para todos que apresentam qualquer dificuldade relacionada a dirigir e que, a partir dele, sintam-se encorajados a enfrentar seu próprio medo.

Clínica
Cecilia Bellina

São Paulo - SP

Santana
Rua Jovita, 440 – Santana
CEP.: 02036-001
(11) 2950-1234

Vila Mariana
Rua Domigos de Morais, 907 - 2° andar, conjunto 22 – Vl. Mariana
CEP.: 04009-002
(11) 5579-6146

Tatuapé
Rua Fernandes Pinheiro, 436 – Tatuapé
CEP.: 03308-060
(11) 2296-7877

Vila Madalena
Rua Heitor Penteado, 1049 - 2° andar, conjunto 7 – Vl. Madalena
CEP.: 05437-000
(11) 3875-1752

Santo André - SP

Centro
Rua Bernardino de Campos, 31 - conjunto 903 – Centro
CEP.: 09015-010
(11) 4332-9478

Campinas - SP

Botafogo
Rua Bernado José Sampaio, 171 – Botafogo
CEP.: 09726-150
(19) 3233 2506

Rio de Janeiro - RJ

Botafogo
Rua Humaitá, 59 - conjunto 201 – Botafogo
CEP.: 22261-000
(21) 2286-6722

Tijuca
Rua José Higino, 249 Casa 01/B –Tijuca
CEP.: 20520-200
(21) 3294-8475

Barra
Rua Olegário Maciel, 561 sala 204 – Barra
CEP.: 22621-200
(21) 2495-1493

Clínica Cecilia Bellina

Niterói - RJ

Centro
Rua Visconde do Uruguai, 271 – Niteroi
CEP.: 24090-075
(21) 3604-2330

Belo Horizonte - MG

Santa Efigênia
Av. Brasil, 290 - conjunto 8 – Sta. Efigênia
CEP.: 30140-001
(31) 3241-4234

Contagem - MG
Av. José Faria da Rocha, 2232 sala 209 – Eldorado
CEP.: 32315-040
(31) 3392-0633

Vitória - ES

Santa Luíza
Rua Cândido Portinari, 27 - conjunto 807 - Edifício River Center -
Sta. Luíza
CEP.: 29045-415
(27) 3314-3658

Referências bibliográficas

BARLOW, D. H. *Manual clínico dos transtornos psicológicos*. 2 ed. Porto Alegre: Artes Médicas, 1999.

CATANIA, A. C. *Aprendizagem*: comportamento, linguagem e cognição. 4ª ed. Porto Alegre: Artes Médicas Sul, 1999.

CRITÉRIOS DIAGNÓSTICOS DO DSM-IV. (Referência rápida). 4ª ed. Porto Alegre: Artes Médicas, 1995.

ROJAS, E. *A ansiedade*: como superar o estresse, as fobias e as obsessões. São Paulo: Mandarim, 1997.

ROSS, J. *Vencendo o medo*. São Paulo: Ágora, 1995.

SELIGMAN, M. E. P. *Desamparo*: sobre depressão, desenvolvimento e morte. São Paulo: Editora da Universidade de São Paulo, 1977.

_____. O que você pode e o que não pode mudar. Rio de Janeiro: Objetiva, 1995.

ZAMIGNANI, Denis R. (Org.). *Sobre comportamento e cognição*. Vol. 3. Santo André: Arbytes.

Impresso por :

Graphium
gráfica e editora

Tel.:11 2769-9056